인지 잠재력을 열어 주는 가르침, 과제 그리고 도구

중재학습

Mandia Mentis · Marilyn Dunn-Bernstein · Marténe Mentis 공저
이경화 · 박정길 · 이동흔 · 최태영 공역

Mediated Learning

Teaching, Tasks, and Tools
to Unlock Cognitive
Potential (2nd ed.)

학지사

Mediated Learning: Teaching, Tasks, and Tools to Unlock Cognitive Potential (2nd ed.)

by Mandia Mentis, Marilyn Dunn-Bernstein, and Marténe Mentis

Korean translation copyright © 2020 by Hakjisa Publisher, Inc.
The Korean translation rights published by arrangement with
Corwin Press, Inc., SAGE Publications company.

Copyright © 2008 by Corwin Press, Inc.
Authorized translation from English language edition published by
Corwin Press, Inc., SAGE Publications company, in the United States,
United Kingdom, and New Delhi.

역자 서문

유대인은 무엇이 다를까? 그들은 어떻게 해서 정치, 경제, 사회 전 영역에서 그렇게 크게 영향력을 발휘하는 것일까? 많은 사람은 이 질문에 대한 답으로 그들의 '교육'을 꼽는다.

제2차 세계대전 동안 100만 명에 가까운 유대인 어린이가 죽었다. 종전 후 이스라엘 정부는 전 세계에 흩어져 있던 유대인 어린이들을 본국으로 송환하는 프로젝트를 실시했다. 많은 예산과 인력을 들여 그리고 그들이 할 수 있는 최선을 다해 유대인 어린이들을 이스라엘로 데리고 왔다. 유대인 어린이들을 양육하고 교육하는 것은 이스라엘 국가의 명운이 걸린 일이었기 때문이다.

수많은 학자가 제2차 세계대전에서 생존한 유대인 어린이들을 교육하였으나 그들의 학습력은 향상되지 않았다. 피아제(Piaget)의 제자이자 인지 발달 및 임상 심리학자인 포이에르스타인(Feuerstein)은 그들과 인터뷰를 하면서 유대인 어린이들의 두뇌에는 홀로코스트 트라우마가 자리 잡고 있다는 것을 알게 되었다. 그들은 어린 나이에 부모가 총살당한 기억을 생생하게 갖고 있었으며, 함께 생활한 친구와 친척 그리고 소중한 사람들이 아우슈비츠 수용소의 가스실에서 재로 사라지는 처참한 광경을 목격했다. 제2차 세계대전 중 홀로코스트를 경험하면서 그들의 두뇌는 공포와 불안으로 생존에 적합하게 프로그램화되었던 것이다. 포이에르스타인은 죽는 날까지 유대인 어린이들의 인지 발달과 그들의 잠재력을 일깨우는 데 평생을 바치기로 결심했다.

포이에르스타인은 유대인을 위한 유산을 남겼다. 그는 인지 장애가 있는 한 명의 어린이와 직접 얼굴을 맞대고 '너는 변할 수 있고 나도 너를 변화시킬 수 있다.'는 믿음으로 아이가 몰입할 수 있는 도구를 제시했다. 그는 '인지 잠재력을 깨우기 위한 14가지 사고 기술'을 제시했는데, 조직화, 비교, 범주화, 공간에서의 상대적 방향, 공간에서의 기본 방향, 분석과 종합, 문제 해결, 관계, 시간 개념, 지시, 연속, 전이 관계, 삼단논법, 스캐폴딩이 그것이다『교실 안밖에서 인지 잠재력을 깨우는 연결학습』(학지사, 2019) 참조]. 이러한 유대인을 위한 유산은 전 세계의 어린이와 교사들에게도 전파되었고, 이는 인지 장애 학생만이 아닌 일반학생, 기초학력저하학생, 영재학생에게도 적용되었다.

연결학습에 이어 소개하는 중재학습은 다음과 같은 주제를 다룬다.

메타학습: 구조적 인지 변화가능성

중재자는 '모든 사람은 변화하고 배울 수 있는 가능성을 가지고 있다'는 신념을 가져야 한다. 포이에르스타인은 "지능은 고정된 것이 아니라 얼마든지 변할 수 있다." "인지 발달이 되지 않는 이유는 좋은 중재자가 없었기 때문이다."라고 힘주어 말한다. 학습을 돕는 사람들은 기술이나 과정 이전에 사람이 변할 수 있다는 가능성, 그중에서도 인지의 변화가능성에 대한 믿음을 가져야 한다.

메타가르침: 중재학습경험

포이에르스타인은 학습할 때 중재되어야 할 경험으로 12가지 기준을 제시한다. 중재학습에서 상호작용의 근본이 되는 '의도성과 상보성' '의미' '초월'은 학생들이 반드시 경험해야 할 요소이다. 이 외에도 학생들은 '유능감' '자기 규제와 행동 통제' '공유' '개별화' '목표 계획' '도전' '자기변화' '낙관적 대안 탐색' '소속감'을 경험해야 한다. 이 책에는 이러한 12가지 중재학습경험을 어떻게 진행할 것인가에 대한 구체적인 방법과 사례가 제시되어 있다. 유아부터 성인에 이르기까지 가르치는 사람은 학습자들에게 중재학습경험을 체험하게 할 필요가 있다.

메타인지: 인지 기능과 역기능

포이에르스타인은 인지 기능을 입력, 정교화, 출력이라는 세 가지 범주로 나누었다. 입력 단계는 정보를 수집하는 단계에서의 중재의 방법과 사례가 제시되는 단계이다. 정교화 단계는 문제 해결을 위해 노력하는 단계이다. 인지 기능에서 가장 중요한 영역으로 중재의 방법과 사례가 좀 더 자세히 소개된다. 출력 단계는 입력과 정교화 단계를 거친 이후 소통하는 단계이다. 많은 사람이 입력 단계, 정교화 단계, 출력 단계로 이루어지는 인지 기능에서 오류를 범하게 된다. 학습이 되지 않고 학력이 저하될 때는 많은 요인이 원인으로 작용하겠지만, 포이에르스타인 박사는 그중에서 입력 단계, 정교화 단계, 출력 단계에서의 역기능을 살펴보라고 제안한다.

메타과제: 인지 지도

인지 지도는 인지 기능 장애를 명확히 하고 사고를 향상시키기 위한 교수 경험을 분석하고 조작하는 도구이다. 즉, 인지 향상을 위해 주제나 내용은 무엇으로 할 것인지, 과제의 표현 방식과 언어는 어떻게 할 것인지, 과제를 구체적으로 할 것인지 추상적으로 할 것인지, 과제를 쉽게 할 것인지 어렵게 할 것인지, 과제를 익숙한 것으로 할 것인지 참신한 것으로 할 것인지, 그리고 과제에 필요한 인지 작용 또는 사고 기법은 어떤 것으로 할 것인지에 대한 내용이다. 중재학습경험은 이러한 인지 지도를 활용하는 것이 일반적이며, 이 책에서는 인지 지도를 어떻게 구성할 것인지에 대한 방법과 사례가 제시된다.

우리에게 FIE(Feuerstein Instrumental Enrichment) 프로그램은 익숙하지 않다. 처음에는 유대인만을 위한 프로그램이었으나 세월이 흐르면서 많은 사람이 FIE 프로그램을 접하게 되었고, 우리나라에서도 몇몇 인지 치료사와 교수가 프로그램을 수강했다. 그러나 FIE 프로그램은 비용과 기간이 많이 소요되므로 쉽게 접근할 수 없고, 인지 장애와 관련된 분야의 전문가들이 특히 관심을 보이는 프로그램으로 대중화가 되는 데 많은 한계를 갖고 있다.

이 책은 『교실 안팎에서 인지 잠재력을 깨우는 연결학습』(학지사, 2019)과 더불어 일반인들이 14가지 사고 기술, 인지 기능, 인지 지도 그리고 구조적 인지 변화가능성에 대한 개념과 방법들을 스스로 학습할 수 있도록 안내한다. 기초학력이 떨어진 학생들뿐만 아니라 창의력과 사고력 향상을 도모하는 사람들에게도 많은 도움이 될 것이다.

2020년 3월

역자 일동

추천사

중재학습경험(Mediated Learning Experience: MLE) 이론의 출발은 1950년대까지 거슬러 올라간다. 나는 학습에 대한 개인들의 각각 다른 성향을 설명하기 위해 그 이론을 만들었다. 예를 들어, 다른 문화에서 이스라엘로 이주한 젊은 성인들은 이스라엘의 기술 지향적인 사회에 적응하는 데 있어서 학습 성향의 수준이 달랐다. 이러한 차이점들 중 일부는 이 사람들이 살았던 문화의 특성으로 설명된다. 그러나 더 흥미로운 것은 같은 문화에 속하는 개인들 사이에서도 학습 성향에 차이가 있다는 것이다. 관찰된 집단 내 차이가 집단 간의 차이보다 훨씬 더 컸다.

문화적으로 다른 집단에서, 기능이 낮은 개인들은 직접적인 문화 노출에 의해 새로운 문화의 자극과 요구에 적응할 수 있었다. 그러나 '문화적으로 박탈된' 것으로 정의한 다른 개인들은 새로운 문화에 노출되어도 혜택을 전혀 볼 수 없었거나 아주 적었다.

문화적으로 다른 집단의 인지 구조를 정의하려는 연구자들이 비슷한 관찰을 실시하였다. 연구자들은 이주자에게는 출신 문화로는 설명할 수 없는 차이점이 있다는 것을 발견하였다. 우리는 학습 성향의 차이를 개념화, 기술 또는 제도 교육의 본질이나 수준과 관계없이 중재학습경험을 통한 특정 문화에 대한 개인의 노출과 연결시켰다.

문화적으로 서로 다른 개인들은 그들 자신의 문화를 배우면서 '차별화'되었다. 중재학습경험 과정을 통해 얻어진 학습경험은 개인들을 효율적인 학습자로 변화시키며, 그들은 이전에 습득한 학습경험을 사용해 새로운 문화에 적응한다. 반면에 문화적으로 박탈된 사람들은 그들 자신의 문화에 노출되지 않았다. 그들은 배우는 법을 배우지 못했다. 그래서 그들에게 필요한 인지 도구를 학습 과정에 사용하도록 요구하는 새롭고 더 복잡한 삶의 조건에 적응하는 것은 어렵다.

문화적 박탈은 보편적인 현상이다. 그것은 다양한 인종적, 사회경제적, 전문적 환경에서 관찰될 수 있다. 문화적 박탈과 중재학습경험의 결핍은 다음에 의해 결정될 수 있다. 첫째, 문화적인 환경적 조건들과 같은 외부적 요인들로서 부모 및/또는 또래 집단이 중재나 문화적 전승을 제공하지 않는다. 둘째, 내적인 생리적 조건 때문에 정신계에 침투하지 않는다. 문화적 박탈(즉, 중재학습경험의 결핍)은 외생적이든 내생적이든 상관없이 개인의 유연성과 가소성을 떨어뜨리는데, 이 때문에 그들은 학습 과정을 통해 삶의 새로운 조건에 적응하기가 어렵게 된다. 문화적으로 결핍된 사람들은 이러한 어려움들을 극복하기 위해 특별한 형태와 강도의 중재학습경험이 필요하다.

중재학습경험의 이론과 실제에 대한 연구가 시작된 지 20여 년이 지난 지금 중재학습경험은 많은 연구에서 관심의 초점이 되었다. 이는 중재학습경험에 대한 관심이 확산되고 있음을 의미한다. 수백 개의 논문이 중재학습경험은 철학, 신경심리학, 인지과학에서 다른 이론적 위치를 갖고 있다는 것을 입증하고 있다. 이 논문들은 중재학습경험을 인간의 인지 발달에 관한 존재론을 설명해 주는 이론으로서 사용할 수 있다는 가능성뿐만 아니라, 중재학습경험이 의미하는 조작 개념을 응용 시스템에 대한 지침으로 바꿀 수 있는 가능성에 대해서도 다루었다. 이 시스템은 개인이 더 잘 적응하고 변화 가능하도록 하여 오늘날의 문화적 요구에 직면할 수 있게 할 것이다.

중재학습경험의 변수와 인간 발달의 다양한 영역과의 관계에 초점을 맞춘 연구가 카뮈소(Camusso), 카디넷(Cardinet), 헤이우드(Haywood), 리즈(Lidz), 클라인(Klein), S. 포이에르스타인, 라피(Rafi) 포이에르스타인, 버지스(Burges), 파라비(Paravy)에 의해 이루어졌다.

나는 야엘 민트스커(Yael Mintsker), 닐리 벤 셰커(Nilli Ben Shachar) 등의 선구적인 업적에 공헌하였는데, 그 공헌은 중재학습경험 이론을 부모와 자식, 보육교사와 어린이,

교사와 학생 간의 상호작용을 조작하는 양식을 번역한 것이었다. 이는 학습 잠재력 평가 장치(Learning Potential Assessment Device: LPAD)를 포함하여 중재학습경험이 학습 잠재력 평가 장치에서 중추적인 역할을 할 수 있게 한 것이다. 학습 잠재력 평가 장치는 한 개인의 인지 구조에서의 변화의 사례를 포함하고 있다. 그것들은 개인의 변화가능성의 프로파일을 위한 근거로 해석되고 사용된다.

또한 도구적 심화(Instrumental Enrichment: IE) 프로그램을 위한 교사 안내는 중재학습경험을 '교사-자료-연습-학생'의 상호작용을 형성하는 주요한 양식으로 사용된다. 중재학습경험의 변수는 도구적 심화 프로그램의 실행에서 집중된 방식으로 사용된다.

이 책은 중재학습경험, 구조적 인지 변화가능성(Structural Cognitive Modifiability), 인지 역기능(Cognitive Dysfunction), 인지 지도(Cognitive Map) 이론을 조작하기 위한 노력의 연속이다. 이 책의 뛰어난 가치는 중재학습경험의 놀라운 패러다임과 다양한 변수를 독자에게 제시하고 있다는 점이다. 또한 학습 잠재력 평가 장치나 도구적 심화를 적용하고 있는 교사, 학부모 및 상담사들에게는 이전 연구물들에 대한 귀중한 부록이 제공되는데, 그것은 지역사회 상담 상황에 있는 사람들에게도 유용하다. 일반적으로 그것은 자녀, 학생 혹은 또래와의 상호작용에서 진정한 변화를 필요로 하는 많은 사람에게 다가가는 새로운 방법을 찾으려는 사람들을 위한 자산이다.

이 책의 저자들은 중재학습과 메타인지를 통해 만들어갈 수 있는 삶의 질에 대해 깊이 이해했고 진실한 헌신을 보여 주었다. 나는 그런 사람들이 쓴 이 책의 출판에 매우 만족스럽다.

국제 학습 잠재력 강화센터 및
하다사흐-위조 캐나다 연구소의 설립자이자 대표
루벤 포이에르스타인 교수(Professor Reuven Feuerstein)

저자 서문

학생들이 교육을 통해 생각하는 법을 배워야 한다는 것에 대해서는 교육 관계자들에 의해 다양한 방식으로 논의되어 왔다. 그러나 극단적인 경우, 그것은 지키는 것보다 지키지 않는 것이 더 명예로운 것이었기에 많은 풍자 작가는 전통적인 학교 교육을 사고에 대한 해독제로, 사고는 제도화된 교육에 위험한 것으로 묘사해 왔다.

많은 국가에서의 지배적인 교육 이념에는 아이들이 생각하도록 가르치는 것은 현상태를 유지하는 것과 양립할 수 없다는 인식이 깔려 있었고, 이러한 상황에서 교육은 생각하는 학생과 자율적인 학습자를 만들지 못했다.

비교적 최근에야 '우리는 아이들에게 생각하는 방법을 가르쳐야 한다.'는 다소 경건한 결의를 실천 가능한 활동으로 바꾸어 주는 실용적인 도구가 이용 가능하게 되었다. 많은 사고 기술 프로그램은 지능이 교육을 통해 향상될 수 있다고 본 인지심리학의 계속되는 강조의 결과였다. 중재학습경험 이론과 구조적 인지 변화가능성(Structural Cognitive Modifiability)에 대한 포이에르스타인 이론은 이러한 발전에 필수적이었다.

이 책은 포이에르스타인의 이론과 신념 체계의 실용적 적용을 확대하는 것을 목적으로 하는데, 특히 중재학습경험, 결핍된 인지 기능, 인지 지도와 관련한 영역이 이에 해당한다. 이 책의 1판은 인지 연구 프로그램의 결과로 얻어졌는데, 이 프로그램은

1990년 남아프리카공화국 비트바테르스란트 대학교(University of the Witwatersrand)의 특수교육부 안에서 만들어졌다. 이 작업은 포이에르스타인의 사고능력에 대한 도구적 심화(Instrumental Enrichment) 프로그램을 다양한 교육 환경에서 광범위하게 연구하고 실행하고 적용하는 것을 토대로 하고 있다. 포이에르스타인의 이론과 기법은 이 책의 출판을 위한 초석과 발판 역할을 했다. 우리는 그들의 비전, 영감, 훈련에 대해 그와 그의 팀에게 진심으로 감사한다.

중재학습이란 무엇인가

대부분의 학교 교실과 강의실에서 '~때문에'라는 진술을 듣는 것이 드문 일은 아니다. 이 문장은 구체적인 세부 사항이 다르기는 하지만 동일한 메시지를 전달하고 있다. '낮은 IQ 때문에 그는 기초 과정에 참여해야 한다.' '청각장애라서 힘든 학업 과정을 수강할 수 없다.' '학업 성적이 좋지 않아서 고등학교 이상 공부할 계획을 가져서는 안 된다.' '가정에서의 알코올 남용 때문에 수업에서 어려움을 겪을 것이다.'

이 '때문에' 진술에 대한 반응이 이 책의 기반이 되는 교육 이론과 연구에 포함되어 있다. 이 반응을 통해 알 수 있는 것은 교육은 교육자들이 시험 점수나 유전적 요인 또는 환경 조건의 예측 가치에 대한 잘못된 강조를 지속시키기보다는 이러한 요인들과 무관하게 학교의 과제가 학생의 근본적인 인지 기능(즉, 배우고 자율적으로 생각하는 사람이 되는 능력)과 내재적 동기(즉, 배움에 대한 애정과 흥미의 확장)를 증진시킨다는 것을 깨달았을 때에만 향상된다는 것이다.

학생이 현재 낮은 수준의 기능을 보여 준다고 해서 미래 결과를 비관적으로 예측하기보다, 교사는 학생이 배우는 능력에서 잠재적 변화가 있을 것이라는 낙관적인 생각으로 봐야 한다. 이러한 변화는 교사와 학생, 학부모와 학생의 상호작용의 질에 달려 있다. 이 상호작용을 통해 학습에 필요한 인지 및 동기 기능이 수정된다. 이 접근법은 변화가 가능하다는 믿음을 기반으로 하며, 그 믿음을 통해 그러한 변화를 가져올 기술과 전략을 갖게 된다는 것이다.

IQ 점수 또는 유전적 요소 또는 환경 문제에 대한 '~때문에' 진술을 '그럼에도 불구하고'로 변화시켜, 성과를 많이 내지 못했다는 것에서 더 많은 것을 성취할 수 있다는 것으로 관점을 바꿔야 한다. 다시 말해, 학습자를 비난하는 것에서 교사의 능력을 키우는 것으로 생각을 변화시켜야 한다는 것이다. 훨씬 더 낙관적인 진술은 '낮은 IQ 혹은 청력 손상 또는 자폐증이나 알코올 중독에도 불구하고 적절한 중재학습을 제공하면 잠재적으로 인지 변화가 생겨서 독립성과 자율성을 얻게 된다.'는 것이다. 이 접근법은 루벤 포이에르스타인의 이론과 실제에 일치되는 것이며, 이것이 바로 이 책에서 살펴보게 될 인지적 변화가능성과 중재학습 이론이다.

루벤 포이에르스타인은 누구인가

　루벤 포이에르스타인(Reuven Feuerstein)은 세계적으로 널리 알려진 이스라엘의 심리학 교수로 50년이 넘는 기간 동안 아동 발달 분야를 연구해 왔다. 그는 인지 기능이 떨어져 사회적 혜택을 받지 못한 개인들과의 연구를 통해 전 세계적으로 적용되고 있는 혁신적인 검사 및 교수법을 개발했다. 그는 사람들이 일생 동안 변하지 않는 지능을 갖고 태어난다는 믿음을 거부한다. 오히려 개인들은 변화할 수 있는 잠재력이 있기에 올바른 종류의 상호작용에 참여할 기회가 주어진다면 지능은 변할 수 있다는 것을 보여 주었다. 포이에르스타인은 '변화할 잠재력'을 구조적 인지 변화가능성, '올바른 종류의 상호작용'을 중재학습경험(Mediated Learning Experience)으로 각각 묘사하고 있다. 중재학습을 통해 학습자는 생각하는 방식을 변화시켜(인지적 변화가능성) 효율적인 사고 기술을 증진함으로써 자율적이며 독립적인 학습자가 될 수 있다. 게다가 포이에르스타인은 효율적인 사고의 전제조건 혹은 구성요소가 되는 인지 기능 목록을 만들었다. 효율적인 사고의 구성요소들을 학습하려면 인지 지도를 사용한 학습과제를 적용시키면 된다. 더불어, 구조적 인지 변화가능성(변화에 대한 믿음), 중재학습경험(변화의 방법), 인지 기능과 인지 지도(변화의 도구)를 통해 효과적인 학습을 위한 길을 열어 줄 수 있다.

이 책에는 어떤 내용을 다루고 있는가

이 책은 구조적 인지 변화가능성(SCM), 중재학습경험(MLE), 인지 기능과 인지 지도에 대한 포이에르스타인 이론의 원리와 응용을 다룬다.

제1부 메타학습: 구조적 인지 변화가능성

제1부는 포이에르스타인의 변화가능성 이론과 변화에 대한 믿음을 설명한다. 학습자의 낮은 수준의 기능을 수동적으로 받아들이는 것(수동적 수용)과 적극적으로 수정하여 학습의 변화를 일으키려는 시도(적극적 변화가능성) 사이의 차이를 간략하게 요약하여, 학습과 교수법에서 다양한 신념 체계를 설명하기 위해 사용된 사례 연구에 대해 성찰해 볼 수 있도록 안내한다. 특히 구조적 인지 변화가능성 부분은 학습에 대한 우리의 생각에 초점을 맞추기 때문에 메타학습을 지향하고 있다.

제2부 메타가르침: 중재학습경험

제2부는 포이에르스타인의 상호작용, 중재학습경험, 중재학습경험을 사용하여 인지를 변화시키는 방법에 관한 이론을 다룬다. 포이에르스타인은 중재학습경험의 12가지 주요 기준을 가지고 있으며 이들 각각은 학습자와 상호작용하는 다른 접근 방식을 제공한다.

가르침, 육아, 상담에 중재학습경험을 사용하는 사례와 아이디어가 제공된다. 중재학습경험의 이 부분은 메타가르침을 지향하고 있다. 그것은 우리의 생각을 가르치는 것에 집중하기 때문이다.

제3부 메타인지: 인지 기능과 역기능

제3부는 포이에르스타인의 사고 기술(인지 기능) 목록을 다룬다. 이것은 생각의 입력, 정교화, 출력 단계 사이의 관계를 설명해 주며, 교실에서 인지적 어려움을 겪고 있는 학생을 교사가 어떻게 확인해야 할지를 보여 주고 있다. 제공된 전략을 통해 교사

는 중재 규준에 근거하여 인지적 어려움을 극복할 수 있도록 지원한다. 인지 기능 및 역기능에 관한 제3부는 메타인지를 지향하는데, 그것은 우리의 사고에 관한 사고에 초점을 맞추고 있기 때문이다.

제4부 메타과제: 인지 지도

제4부는 포이에르스타인의 과제 분석 도구를 설명하고 있다. 즉, 그것은 학습자가 어디서, 어떻게 인지적 어려움을 경험하는지를 확인하기 위한 학습 과제나 경험을 교사가 어떻게 변경하거나 변화시킬 수 있는가를 보여 준다. 인지 지도를 어떻게 인지 역기능의 식별과 사고력 향상을 위한 교수 경험을 분석하고 조작하는 도구로 사용할 수 있는지에 대한 사례들이 제시된다. 인지 지도에 관한 제4부는 메타과제를 지향하는데, 그것은 우리의 생각을 가르치는 일과 배우는 일에 집중하기 때문이다.

이 책에 제시된 아이디어와 응용 사례들은 학생들의 학습 잠재력에 관심 있는 사람—교육자, 지역사회 활동가, 학교 상담사, 심리학자, 부모, 보육교사 등—은 누구나 다음과 같은 것을 위해 사용할 수 있다.

- 자율적인 학습을 격려하기
- 학생의 잠재력을 열어 주기
- 효과적인 사고 기술의 사용을 증진하기
- 변화 성향에서 긍정적인 믿음을 개발하기
- 돌봄을 향상시키기
- 인지 역기능을 교정하기
- 학생들의 인지 강점과 약점을 분석하기
- 학습을 증진하는 교수 과제를 수정하기

이 책의 사용법

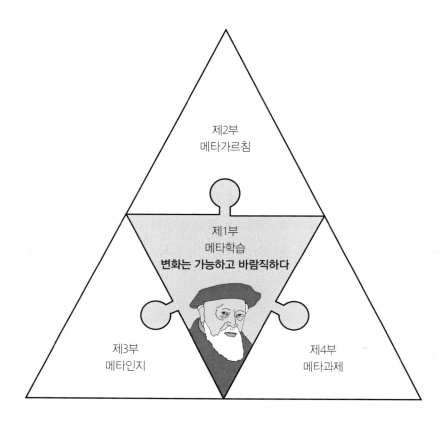

도표에 나타난 것처럼, 포이에르스타인 이론과 접근은 삼각형의 중간에 있는 핵심 이론과 삼각형의 세 모서리에 있는 세 가지 조작 기술로 구성되어 있다. 삼각형의 각 지점은 학습 과정의 세 가지―학습자, 교사, 과제―에 초점을 맞춘다.

이는 다음과 같이 설명할 수 있다.

- 이 삼각형의 핵심에는 모든 개인은 변화하고 학습할 수 있는 가능성이 있다는 믿음인 포이에르스타인의 구조적 인지 변화가능성 이론이 있다.

이것은 제1부 메타학습의 주제이며, 성찰을 위해 다음과 같은 질문을 던진다.

- 학습에 관해 무엇을 믿는가? 현재의 상황을 수동적으로 받아들이는가, 아니면 적극적으로 수정해 학습자의 인지 변화를 시도하는가?

삼각형의 첫 번째 지점의 초점은 교사/부모/보육교사에 관한 것으로, 사용되는 도구 또는 기술은 중재학습경험이라고 하는 '올바른 종류의 상호작용'이다. 이것이 제2부 메타가르침의 주제이며, 교육자들에게 다음과 같은 질문을 던진다.

- 학습자의 인지 변화를 일으키기 위해서는 어떤 종류의 상호작용이나 중재가 필요한가?

삼각형의 두 번째 지점은 학습자에 초점을 맞춘다. 제공되는 기술은 사고 기술에 대한 점검 목록인 인지 기능과 인지 역기능에 관한 것이다. 이것이 제3부 메타인지의 주제이며 다음과 같은 질문을 던진다.

- 어떤 인지 역기능이 드러나며, 교사는 어떻게 이러한 역기능들을 변화시켜 효율적인 사고 기술을 개발할 수 있는가?

삼각형의 세 번째 지점은 과제에 중점을 두며, 사용되는 기술은 교수 경험을 분석하는 지도인 인지 지도이다. 이것이 제4부 메타과제의 주제이며 다음과 같은 질문을 던진다.

- 학습과제를 어떻게 분석할 수 있고, 효율적인 사고 기술을 어떻게 발달시킬 수 있는가?

이 삼각형은 포이에르스타인의 네 가지 개념들이 어떻게 연결되어 있는지를 설명하고 있다. 삼각형의 중심부에는 변화가능성에 대한 이론이나 믿음이 있다. 일단 교육자가 학생의 변화가 가능하다고 생각하면 변화를 가져오는 기술이 필요하며, 이는 삼각형의 세 모서리에 있는 기법들—교사를 위한 중재학습, 학습자를 위한 인지 기능, 과제를 위한 인지 지도—을 통해서 이루어지게 된다.

포이에르스타인의 이론과 실습에 관한 이 네 가지 요소와 관련된 질문은 이 책 전체에 걸쳐 답변될 것이다.

차례

✔ 역자 서문 _ 3

✔ 추천사 _ 7

✔ 저자 서문 _ 11

제1부

메타학습: 구조적 인지 변화가능성   21

제1장 인지 잠재력 깨우기 _ 23

제2부

메타가르침: 중재학습경험   31

제2장 의도성과 상보성 _ 37

제3장 의미 _ 47

제4장 초월 _ 55

제5장 유능감 _ 65

제6장 자기 규제와 행동 통제 _ 75

제7장 공유 _ 85

제8장 개별화 _ 95

제9장 목표 계획 _ 105

제10장 도전 _ 115

제11장 자기변화 _ 125

제12장 낙관적 대안 탐색 _ 135

제13장 소속감 _ 145

제3부

메타인지: 인지 기능과 역기능   155

제14장 입력 _ 161

제15장 정교화 _ 189

제16장 출력 _ 233

제4부

메타과제: 인지 지도   261

제17장 과제 분석하기 _ 263

부록 A: 작업 페이지에 대한 답변 _ 275

부록 B: 중재학습경험 평가척도 _ 293

참고문헌 _ 307

제1부

메타학습
구조적 인지 변화가능성

인간은 모든 연령과 발달 단계에서 변화 가능하다. 변화는 가능하고 바람직하다.

- 지능은 향상될 수 있을까?
- 우리의 학습 잠재력은 고정되어 있는가?
- 우리가 삶에서 어떻게 기능하는지를 결정하는 데 유전학은 어떤 역할을 하는가?
- 가난, 정서 장애, 기질적 장애가 학습에 미치는 부정적인 조건을 극복할 수 있는가?
- 우리의 과거가 우리의 미래를 결정하는가?

1부는 포이에르스타인의 구조적 인지 변화가능성(SCM) 이론을 요약하고, 수동적 수용(passive acceptance)과 적극적 변화가능성(active modification)의 개념을 도입하여 이러한 질문에 답하려고 한다.

제1장

인지 잠재력 깨우기

포이에르스타인(Feuerstein)은 배우려고 애쓰는 학생들과의 작업으로 잘 알려져 있다. 포이에르스타인이 가장 큰 성공을 거둔 것은 길을 잃었거나, 배울 수 없거나 혹은 변화할 수 없을 것으로 여겨지는 학생들과 함께 했을 때이다. 이 학생들을 대상으로 한 포이에르스타인의 연구는 구조적 인지 변화가능성 이론과 그 이론을 뒷받침하는 실제에 기초하고 있다.

구조적 인지 변화가능성

구조적 인지 변화가능성 이론(Structural Cognitive Modifiability: SCM)은 개인이 변화할 잠재력을 갖고 있다는 포이에르스타인의 믿음을 뒷받침한다. 포이에르스타인이 제안하는 접근 방식을 이해하기 위해서는 '변화가능성' '인지적' 그리고 '구조적'이라는 세 가지 요소에 초점을 맞추는 것이 도움이 된다.

1. '변화가능성'은 적응 능력, 변화 능력 및 규제 능력을 갖는 것을 의미한다.
2. '인지적'은 생각하고, 추론하고, 배우는 능력과 관련이 있다.

3. '구조적'은 우리의 사고를 구성하는 요소들의 조직 및 통합과 관련이 있다.

이 세 가지 개념을 함께 연결하면서 포이에르스타인은 우리를 격려해, 모든 학습자가 변화하거나 적응할 가능성이 있다고 생각하게 만들고, 그들이 서로 다른 맥락에서 그들의 기술을 생각하고, 배우고, 적용하는 방식을 적절히 조절할 수 있게 만든다.

포이에르스타인의 접근법은 특정한 어려움을 극복하거나 특정한 기술을 가르치는 것을 목표로 하지 않는다. 오히려 학습자들에게 서로 다른 상황에 맞게 학습하는 법을 가르치는 것을 목표로 한다. 포이에르스타인이 원하는 변화는 기본적 또는 구조적 수준이며, 그 강조점은 인지에 있다. 인지 변화의 결과로서 행동과 감정이 변하고, 그것들은 유전적 소인, 신체적 장애 또는 교육적 박탈의 부정적인 영향을 극복할 수 있다. 다음 사례 연구를 통해 이 이론이 실제로 어떻게 작용되는지 알아보자.

M의 사례

M은 11년 전, 포이에르스타인 연구소에 인계되어 일생 동안 보호시설에서 지내게 되었다. 그 당시 그는 15세였으며, IQ는 35~44 정도였다. 그의 어휘는 40~50단어로 구성되었으며, 시공간적 방향성, 모방, 유지 및 사회적 행동에서 심각한 장애를 보였다. 단어를 반복하고 행동을 반복하였지만, 정신적 자폐증상은 발견되지 않았다. 훈련가능성은 매우 희박했으며, 보호관리는 피할 수 없는 것처럼 보였다.

M은 3형제 중 둘째였다. 그의 아버지는 조현병 환자이며 알코올 중독자로 잘 적응하지 못한 외인 부대의 군인이었는데, 아시아 국가에서 M의 어머니를 만나 결혼했다. 그의 어머니는 지적장애에 문맹이었는데, 병원에서 정신 이상으로 진단받고 사망하였다. M은 출생 시 조산과 저체중으로 뇌 손상을 입어 오랜 시간 인큐베이터 관리를 필요로 했다. 유아기에는 영양장애, 그리고 보육원과 위탁가정에서의 반복적이고 장기적인 분리로 점철되었다. 그는 청소년기 초기를 대체로 사회적으로, 교육적으로 제한된 환경에서 보냈다(포이에르스타인, 1980, p. 10).

M의 경우를 다시 읽고 다음 질문에 답하시오.

- M의 상황을 고려할 때 이 이야기로부터 중요하다고 생각하는 요소는 무엇인가?
- M의 지적 수준과 성취 가능성에 대해 어떻게 생각하는가?
- 어떤 종류의 개입, 처치 또는 가르침이 M에게 적절하다고 생각하는가?
- M의 미래를 어떻게 묘사할 것인가?

포이에르스타인은 M의 경우를 바라보고 질문에 접근하는 두 가지 접근법—수동적 수용 접근법과 적극적 변화가능성 접근법—이 있다고 믿고 있다.

M의 사례에 대한 수동적 수용 접근법

M에 관한 질문에 대답하기 위한 수동적 수용(passive acceptance) 접근법은 아버지의 알코올 중독, 부모의 정신 장애, M의 조산 등과 같은 기질적 또는 선천적 요소를 포함하는 M의 개인사 측면에 초점을 맞춘다. 이러한 요소는 모두 변경 가능하지 않기에 M에 대한 미래가 불확실하다고 예측할 수 있다. 그의 IQ 점수는 부진아 범위에 있는 것으로 보이는데 이 점수를 고정적이며 정적으로 해석함으로써 M의 성취 가능성을 제한하게 될 것이다. 이러한 견해로 볼 때, 유일한 치료는 M을 주거 보호시설에 배치하는 것인데, 이는 그 자신이 스스로 기능을 조절할 수 없기 때문이다. 그의 미래는 매우 낮은 수준의 기능을 발휘하기 때문에 매우 제한적인 것으로 기술되며, 항상 다른 사람들에게 의존하게 될 것이다.

이 접근법에서 과거는 미래의 예측자로서 손상된 과거는 미래의 낮은 수준의 기능을 예측하게 만든다. 지능은 고정된 숫자로 간주되며 변경할 수 없는 것이다. 그러므로 치료는 항상 낮은 수준의 기능을 수용하는 정도로 조절된다. 포이에르스타인에 따르면, 이 견해는 용어가 나타내는 것처럼 수동적(아무것도 하지 않고) 현상 유지에 대한 수용과 영구화가 있기 때문에 배울 수 있는 능력에 대해 매우 비관적인 견해를 제시한다. 낮은 수준을 개선하거나 변경하려는 시도는 없으며, 보호시설 관리를 통해 이러한 낮은 수준의 기능을 수용할 수 있도록 조치를 취하는 것뿐이다.

M의 사례에 대한 적극적 변화가능성 접근법

　M에 관한 질문에 대답하기 위한 적극적 변화가능성(active modification) 접근법은 변화될 수 있는 과거의 M의 측면, 즉 그가 살았던 제한된 환경과 자극, 언어 및 애정을 박탈당하는 것과 같은 요소들에 중점을 둔다. 이러한 요소는 모두 되돌릴 수 있으며 가능한 변화를 위한 기준으로만 제공된다. 이 접근법에서 M의 지능은 자신이 가진 자극의 양에 의존하는 것으로 간주될 것이며 중재를 통해 M의 지능이 향상될 수 있다고 믿는다. M에 대한 치료는 M에게 배우는 방법을 가르쳐 주는 도구 심화 프로그램 속에서 집중적인 작업을 하는 것이다. M의 미래는 자극을 주는 조건하에서 그가 배울 수 있는 양에 의존하는 것으로 기술될 것이며, 그가 독립적으로 살아갈 수 있을 정도로 발전할 것이라는 희망이 있다.

　적극적 변화가능성 접근 방식에서, 과거는 단지 미래 개선을 위한 출발점일 뿐이다. 지능은 성향이나 경향으로서 새로운 상황에 적응하여 다차원적이고, 매우 복잡하고, 수정 가능하며, 변경될 수 있는 것으로 보인다. 집중적인 자극과 상호작용을 통해 배우고 적응하는 방법을 가르치거나 중재하는 개입이 이루어진다. 용어에서 지적하고 있듯이, 이는 모든 개인이 변화하고 배울 수 있는 잠재성을 갖고 있다는 매우 낙관적인 견해로, 변화나 수정 가능성이 일어날 수 있도록 적극적으로 시도하는 것을 말한다.

> M의 사례와 관련된 질문에 어떻게 대답했나요? 수동적 수용 문제에 더 초점을 맞췄나요? 아니면 적극적 변화가능성을 믿나요? 학습에 대한 당신의 견해는 무엇인가요?

　포이에르스타인은 어려움을 겪는 학습자와 함께 작업할 때 적극적 변화가능성 방법을 확고하게 고수한다. 이것은 구조적 인지 변화가능성에 관한 그의 이론의 핵심이다. 이 이론은 적극적 변화가능성에 대한 믿음과 중재학습경험의 도구를 사용하여 학습자의 인지 역기능을 수정함으로써 학습자가 자율적이고 독립적인 개인으로 기능할 수 있다고 제안하고 있다.

수동적 수용과 적극적 변화가능성

포이에르스타인에 의해 보고된 M의 사례의 실제 결과에 대해 생각해 보자.

> 모두의 예상과 달리, 학습 잠재력 평가 장치(Learning Potential Assessment Device: LPAD)를 사용하여 M을 평가한 결과, 놀라운 수준의 변화가능성을 보였다. 따라서 M은 중증 장애가 있는 저기능 청소년의 재개발을 위한 집단 간호치료 프로그램인 위탁 가정에 배치되었다. 지난 11년 동안 M의 발전에 대한 집중적이고 결연한 투자의 결과로, 그는 독립적 기능을 하게 되었으며, 시공간에 대한 방향성도 생겼고, 히브리어를 풍부하게 말하고 쓸 수 있게 되었으며, 유머감각, 사회적 기술 그리고 직업적 야망도 갖게 되었다. 그는 대형 실내 수영장의 유지 관리를 담당하고 있으며, 프랑스어와 약간의 독일어를 배웠다.
>
> M의 유전적 속성, 제한된 초기 환경에서 얻게 된 기질적 손상, 모성애 박탈, 자극 박탈이 미숙한 그의 수행을 설명해 줌에도, 그는 비록 지속적이고 체계적인 특성을 지녔지만 개입을 선뜻 받아들였다. 표현, 예상 및 추론과 같은 높은 수준의 인지 과정을 사용하는 능력이 개선됨에 따라, 어느 정도까지는 자신의 일반적 행동에서 적응을 보였다.
>
> 그의 운명은 평생 동안 보살핌을 받아야 할 것으로 기대되었던 위치에서 자율적이며 독립적이고 적응력이 있는 청년의 삶으로 바뀌었으며, 미래를 건설하고 한 가족을 형성할 수 있을 것이라는 기대감으로 채워졌다(포이에르스타인, 1980, p. 10).

실제 많은 다른 사례 연구와 마찬가지로, M의 사례는 포이에르스타인의 이론이 실제로 적용되는 것을 확인하는 데 도움이 된다. M이 변화했고 변화가 의미심장했다는 사실은 비록 오랜 기간 동안 집중적인 개입이 있었지만, 포이에르스타인의 구조적 인지 변화가능성 이론과 적극적 변화가능성을 통해 변화가 시작된다는 믿음을 입증하고 있다.

　수동적 수용 접근법과 적극적 변화가능성 접근법의 두 가지 접근 방식을 비교해 보자. 어떤 접근법이 M 사례의 실제 결과에 부합하는가? 당신은 어떤 접근 방식을 적용하겠는가?

수동적 수용	적극적 변화가능성
• 인간은 본질적으로 수정되지도 않고 변하지도 않는다는 믿음 • 개인의 미래는 현재와 과거의 기능 수준에 근거하여 예측될 수 있다는 믿음 • '…… 때문에'를 사용하는 경향, 즉 '그의 유전적 문제 때문에 그는 ~을 할 수 없을 것이다.' 혹은 '그의 아버지가 알코올 중독자라서 그는 ~일 것이다.' • 매우 비관적인 견해	• 인간은 유연하고 열려 있는 시스템으로 변화될 잠재력을 갖고 있다는 믿음 • 개인의 미래는 수정될 가능성이 있다는 믿음에 근거한 변화할 수 있을 것이라는 믿음 • '그럼에도 불구하고'를 사용하는 경향, 즉 '그의 유전적 문제에도 불구하고 그는 ~을 변화시킬 동기를 갖고 있다.' 혹은 '그의 어머니의 부재에도 불구하고, 그는 ~ 중재에 수용적이다.'라는 진술 • 매우 낙관적인 견해

　이 장에서는 포이에르스타인의 구조적 인지 변화가능성 이론을 다루었다. 이 이론은 적극적 변화가능성에 대한 포이에르스타인의 믿음에 기반하여 개인이 자신의 생각하는 방식을 변화시켜 세상에 적응할 수 있다고 주장하고 있다. 이는 낙관적인 접근 방식인데, 예를 들어, 만약 당신이 방법이 있다고 믿는다면, 전에 겪었던 어려움에 상관없이 해결책을 찾을 수 있다는 접근 방식이다. M의 사례와 마찬가지로, 초기 생애에 영향을 미쳤던 심각하게 부정적인 기질적이며 상황적인 요인들에도 불구하고, 적극적

변화가능성 및 구조적 인지 변화가능성에 대한 믿음은 포이에르스타인이 중재학습경험 및 인지 지도 도구를 사용하여 중요한 변화를 일으키는 촉매제였다. 다음 장에서는 이러한 도구에 중점을 둘 것이다.

포이에르스타인은 인간이라는 유기체는 모든 연령과 발달 단계의 변화가능성에 열려 있으며 변화가 가능하고 바람직하다고 믿고 있다.

여러분은 무엇을 믿는가?

제2부

메타가르침
중재학습경험

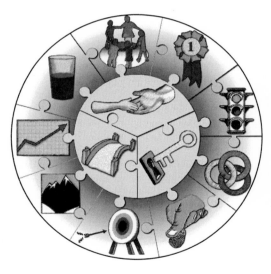

- 학습은 어떻게 일어나는가?
- 왜 어떤 아이들은 효과적인 사고 기술을 키우는 반면, 다른 아이들은 그렇지 못하는가?
- 부모와 교사는 아이들이 인생 경험을 통해 배울 수 있도록 무엇을 할 수 있는가?

2부는 이러한 질문에 답하기 위해 이론에 대해 논의하고, 포이에르스타인의 중재학습경험을 어떻게 부르는지에 대한 실질적인 사례를 제공하고자 한다.

중재자는 아이와 환경 간의 상호작용을 강화시킨다. 이때 사용되는 요소는 즉각적인 상황에 관련된 것이 아닌 문화적으로 계승된 태도, 가치, 목표, 수단 등 오랜 세대에 걸쳐 유래된 의미와 의도의 세계에 속하는 것들이다.

– 포이에르스타인, 1979

포이에르스타인은 학습의 두 가지 양식이 직접적 접근과 중재적 접근이라고 믿고 있다.

직접적 접근

직접적 접근은 피아제의 자극(S)-유기체(O)-반응(R) 공식에 근거하는데, 이는 유기체(organism: O), 혹은 개별 학습자가 둘러싸인 세계의 자극(stimuli: S)과 반응(responds: R)으로 직접적으로 상호작용한다는 것을 의미한다.

이러한 환경과의 상호작용은 학습에서 부수적이다. 어린이가 공원을 가로질러 걷고 있다고 생각해 보자. 어린이는 꽃과 다른 자극들과 직접적으로 상호작용을 한다. 꽃의 냄새를 맡기도 하고, 그들의 질감을 느끼거나 심지어는 꽃에 내려앉는 벌을 볼 수도 있다. 그러한 경험의 직접적인 결과로서 일어나는 종류의 배움은 근본적이고 필요하지만, 그것은 부수적이다. 포이에르스타인에 따르면 효과적인 배움이 일어나는 것을 보장하지는 않는다.

중재적 접근

중재학습은 효과적인 학습을 보장하는 두 번째이자 필수적인 접근이다. 여기서 포이에르스타인은 피아제의 S-O-R 공식을 발전시켜, 자극의 세계, 유기체, 그리고 반응 사이에 사람 중재자(human mediator)를 포함시킨다. 포이에르스타인의 새로운 학습 매개 공식은 H가 사람 중재자인 S-H-O-H-R이다. 중재자는 학습 유기체와 자극의 세계 사이에서 상호작용하여 해석하고, 안내하고, 자극에 의미를 부여한다. 이런 종류의 상호작용에서 배움은 의도적이다.

정원에 있는 아이의 사례를 다시 한번 생각해 보자. 만약 어머니가 중재자로서 참여한다면, 그녀는 아이가 특정한 자극에 집중하도록 하여 아이가 꽃을 만나는 것을 이해하고 의미를 부여할 것이다. 그녀는 유사하지만 서로 다른 색과 질감에 아이의 주의를 집중시켜 아이에게 비교하기라는 중요한 사고 기술을 가르칠 수 있다. 아니면, 그녀는 벌의 수분 작용을 위한 움직임을 해석하여 벌의 행동에 의미를 부여하고 자극 간의 상호 연결이나 관계를 보여 줄 수 있다. 바로 이런 종류의 상호작용이 중재자의 개입이며, 이를 통해 아이가 제대로 된 인지 기능과 세상에 적응하기 위한 전제 조건인 학습 유형에 대한 성향을 발달시키는 결과를 낳게 된다.

두 가지 형태의 노출, 즉 직접적인 것과 중재적인 것 모두 최적의 개발을 위해 필요하다. 포이에르스타인은 아이가 직접적 노출을 더 잘 수용하고 그것으로부터 더 많은 이익을 얻게 하는 것이 중재학습이라고 믿는다. 이것은 중재가 자기 주도 학습을 위한 기본적인 태도와 능력을 개발하는 상호작용의 한 형태이기 때문이다.

아이가 환경과 효과적으로 상호작용하지 않거나 학습에 어려움을 경험할 때, 우리는 포이에르스타인이 '뻣뻣한 손가락'이라고 부르는 것을 발달시킨다. 여기서 검지손가락은 아이 쪽을 뻣뻣하게 가리키며, 문제와 실패가 아이에게 단단히 고정되어 있음을 나타낸다. 그러나 중재에서 학습은 아이와 중재자 사이의 상호작용이며, 손가락은 양쪽을 모두 가리킨다.

12가지 중재 기준

지금까지 포이에르스타인은 중재에 근본이 되는 12가지 기준 또는 상호작용 유형을 명확히 했다. 그는 첫 번째 세 가지 기준이 중재로 간주할 수 있는 상호작용을 위한 필요충분조건이라고 믿고 있다. 나머지 아홉 가지 기준은 적절한 시간과 장소에 따라 사용할 수 있고, 서로 균형을 잡고 강화하는 역할을 한다. 중재는 역동적이고 개방적인 과정으로, 12가지 기준에만 엄격하게 적용되거나 고정되어서는 안 된다.

12가지 중재 기준과 해당 기호들은 다음과 같다.

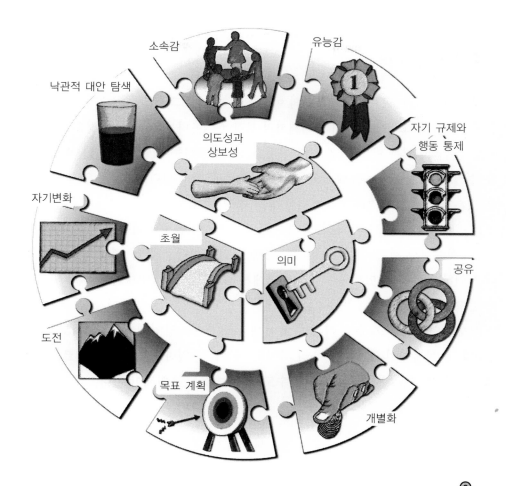

소속감

유능감

낙관적 대안 탐색

의도성과
상보성

자기 규제와
행동 통제

자기변화

초월

의미

공유

도전

목표 계획

개별화

중재학습경험과 학습의 직접적인 노출 양식 사이의 관계는 다음과 같이 공식화될 수 있다. 아이에게 중재학습경험이 주어지고 중재적 과정이 최적일수록 아이의 능력은 자극에 직접 노출되어 더욱더 유익하게 변화될 수 있다.

- 포이에르스타인, 1980, p. 16

중재학습의 목표

　제2부의 목표는 포이에르스타인의 이론을 실천해서, 그의 기준을 다양한 환경, 예를 들어 교실, 집, 그리고 상담이나 지역사회 상황에 적용하는 것이다. 그것은 '레시피 책'으로 간주되어서는 안 되며 오히려 어떻게 상호작용하는 것이 효과적인 학습을 가져올 수 있는지 설명하는 모델 또는 과정으로 받아들여야 한다. 그 기준은 반드시 새로운 것은 아니지만 간결하고 실용적이며 그 어떤 주제에 관계없이 적용될 수 있다. 그것은 실용적으로 응용 가능해 교육에 관련된 모든 사람들에게 활용될 수 있다.

　중재학습경험 접근법은 학습 상호작용에 관련된 모든 사람이 '뻣뻣한 손가락'을 보다 유연하게 만들 수 있도록 하여 아이들에게 집중하는 것에서 벗어나 그 내면으로 들어갈 수 있도록 해 준다.

　중재학습경험의 기준과 이론이 포이에르스타인의 작업에 기반을 두고 있지만, 정교화와 실제적인 사례들은 우리 자신의 해석을 반영하고 있어 포이에르스타인과 그의 이론의 다른 해석에서 벗어날 수도 있다는 것을 유의해야 한다.

제2장

의도성과 상보성

의도성(intentionality)에 대한 중재는 중재자(예: 부모, 교사, 상담사)가 특정 자극을 선택, 구성 및 해석하여 선택한 방향으로 상호작용을 의도적으로 안내할 때 일어난다. 중재는 중재자가 자극에 주의를 집중하기 위해 적극적으로 일하는 목적과 의도성이 있는 행동이다.

상보성(reciprocity)은 피중재자(학습자)로부터 반응성이 있고 학습 과정을 수용하고 참여하는 표시가 있을 때 발생한다. 학습자는 중재자의 입력에 열려 있고 협력을 보여 준다.

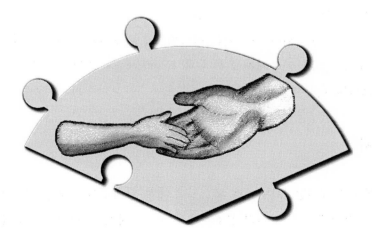

설명

 손을 내밀면서, 중재자는 학습자가 자극에 참여하도록 초대한다(의도성). 손을 맞잡으면서, 학습자의 반응에 대한 의도가 전달된다(상보성).

의도성과 상보성을 중재하는 것은 중재학습경험에 대한 퍼즐의 첫 번째 조각이다. 배우기 위해서 우리는 우리의 감각에 지속적으로 영향을 주는 엄청난 양의 자극으로부터 중요성을 창조할 수 있어야 한다. 우리는 특정한 자극을 분리하고 그것들과 상호작용해야 한다. 이것은 중재자와 학습자 사이의 상호 관계를 통해 이루어진다. 중재자는 자극을 분리하고 해석하여(의도성) 그것들을 학습자에게 제공함으로써 학습자로부터 반응(상보성)을 유발한다.

주의하기

- 단순히 자극에 개입하고 해석하는 것이 주의 혹은 경계가 일어날 것이라고 보장하지 않을 것이다(예: 책을 쓰는 것이 읽힐 것을 보장하지는 않는다).
- 상보성을 보장하기 위해, 중재자는 적극적으로 학습자가 무엇에 관심을 갖는지를 관찰하고 의도적으로 중재해야 한다(예: 독자가 책을 펴고 적극적으로 읽을 수 있도록 독자의 참여를 이끌어 내야 한다).

교실에서

어떤 교실 상황에서는, 의도성과 상보성에 대한 장애물이 존재할 수도 있다. 예를 들어, 교사는 자극에 대한 아이의 상호작용을 주도하지 않는 것이 중요하다는 믿음에서 아이가 상호작용을 주도하기를 기다릴 수 있다. 이 경우에는 의도성이 없다.

두 번째 상황은 교사는 준비가 잘 되어 있어 수업에서 적극적으로 상호작용을 요청하지만, 학생들은 피곤하거나, 흥미 혹은 동기가 없거나, 주어진 주제 혹은 다른 개인적인 이유로 관련 수업에 관심이 없기 때문에 선생님의 계획을 수용하지 않는다. 이 경우에는 상보성이 없다.

집에서

의도성과 상보성은 자연스럽게 아이의 발달 과정에서 시작되는데, 이를 위해 엄마는 새로 태어난 아이와 상호작용하려는 욕구를 갖고 아이와 눈을 맞추려고 한다. 엄마는 아이의 주의를 딸랑이 또는 모빌과 같은 물체에 점차 집중시킨다. 그렇게 함으로써 아이를 위한 자극을 형성시킨다. 이것은 결국 아이들에게 엄마의 얼굴에 집중하고, 눈을 마주치고, 시간이 흐르면서 모방과 상보적인 미소를 끌어낸다. 따라서 엄마의 의도성은 아이의 상보성을 불러일으키고 반대도 마찬가지이다.

이런 행동은 지속적인 양육을 받지 못하고, 결과적으로 상호 간의 눈 마주침을 할 수 있는 능력을 개발하지 못하는, 중재가 박탈된 아이들의 행동과 대조될 수 있다. 포이에르스타인이 묘사한 것처럼, 그들의 눈은 마치 유리처럼 당신의 얼굴에서 미끄러져 나간다.

기억하기

의도성과 상보성에 관련되고 영향을 미치는 세 가지 요소는 다음과 같다.

1. 중재자: 중재자의 언어, 속도, 소리의 고저, 제스처를 변경하여 의도성을 향상시킬 수 있다.
2. 학습자: 학습자의 주의 지속 시간, 흥미 수준, 유용성은 상보성에 영향을 준다.
3. 자극(아이디어와 재료의 제시): 자극의 범위, 반복, 양식 등의 측면에서 변화를 줌으

로써 의도성과 상보성을 향상시킬 수 있다.

> 의도성과 상보성은 중재학습경험 상호작용의 중요한 조건들이다.
>
> – 루벤 포이에르스타인

적용	
예제들	의도성과 상보성 중재를 길러 주는 활동들
〈교실에서〉 교사는 자극을 형성하여 주의를 갖게 한다. "모두 이 그림 주위에 가까이 모여 보자. 무지개에는 어떤 색이 있지?"	• 교사는 주제에서 학생들의 관심과 동기를 일깨우고 그것으로 피드백을 받는다. • 학생들은 학습에 도움이 되는 분위기 속에서 교사의 말을 듣고 반응한다. • 교사는 학생들과 그들의 활동에 관심을 드러내고, 그들이 성공하고 발전할 때 즐거워하는 것을 보여 준다. • 교사는 이해가 잘 되지 않는 것들에 대해서는 다시 설계하고, 학습이 느린 학생과 수동적인 학생들에게 특별한 관심을 갖는다. • 교사가 잘 준비되고, 교실이 잘 조직되면, 그것은 의도를 전달시킨다.
〈집에서〉 엄마는 상호작용을 증진한다. "샌드박스에 들어가서 놀아 보고 우리가 무엇을 만들 수 있을지 보자."	• 부모는 자녀가 당면한 환경에 관심을 가지도록 증진하고 특정 자극(대상, 활동 또는 사건)에 아동의 주의를 집중시킨다. • 보호자는 아이에 대한 관심을 보여 주고 공감하고 사건을 이해하는 자세를 보여 준다. • 부모는 아동의 관심 수준을 충족시키기 위해 자극에 대한 접근 방식을 다양하게 한다. • 보호자는 눈을 바라보며 아이가 반응하도록 격려한다.
〈상담/지역사회 상황에서〉 치료사는 개입을 인정한다. "이러한 문제 영역을 확인해 주셔서 감사합니다. 문제를 해결하기 위해 수행할 수 있는 작업을 살펴보겠습니다."	• 치료사는 치료 전략 개발에 있어 고객으로부터의 협력을 요청한다. • 상담사는 공감적인 경청 접근법을 사용하여 관심을 갖고 있다는 분위기를 조성한다. • 치료사는 적절한 행동을 모델링하여 고객을 참여시킨다. • 사회복지사는 문제에 대한 자기반성을 장려하고 해결을 위한 아이디어에 긍정적으로 반응한다.

연결하기

　의도성과 상보성의 중재를 아이디어와 접목시켜 교육 관계자들이 개발할 수 있도록 접근시킬 수 있다. 교육자, 심리학자, 이론가들이 언급하는 다음과 같은 생각들은 포이에르스타인의 관점을 지원하고 보완해 주는데, 즉 그것은 의도성과 상보성의 중재를 통해 가르치는 것과 배우는 것이 강화될 수 있다는 것이다.

의도성과 상보성의 중재로 연결되는 다음의 견해를 성찰하라.

실제로 배움 없이는 가르침이 없다. 하나는 다른 하나를 요구한다.

－ 파울로 프레이리

교육은 바구니를 채우는 것이 아니라 불을 밝히는 것이다.

－ 윌리엄 버틀러 예이츠

인생은 모두 교육이고, 모든 사람은 교사이고, 모든 사람은 영원한 학생이다.

－ 에이브러햄 매슬로

생각해 보기

　발달심리학자 L. S. 비고츠키(Vygotsky, 1896~1934)의 연구와 근접발달영역(Zone of Proximal Development: ZPD)의 개념을 생각해 보라. 비고츠키(1987)는 근접발달영역을 "독립적 문제 해결에 의해 결정되는 실제적 발달 수준과 성인의 안내 혹은 더 유능한 동료와의 협업에 의한 문제 해결을 통해 결정되는 잠재적 발달 수준 사이의 거리"로 정의했다. 이것은 학습자들이 스스로 할 수 있는 것과 교사나 중재자의 지시에 따라 추가할 수 있는 것 사이의 간격과 관련이 있다.

　올바른 스캐폴딩(Scaffolding, 비계)이나 중재를 통해 학습자가 어제 달성하지 못한 것을 오늘 배우도록 할 수 있다. 그들을 지원해 이전에는 손이 닿지 않던 것을 달성할 수 있도록 해 주는 것은 올바른 종류의 개입을 통해서 가능하다. 이것은 포이에르스타인의 의도성과 상보성의 개념과 관련이 있는데, 적절한 의도가 담겨 있는 중재를 통해 학습자가 동기부여되어, 독립적으로 배울 수 있는 상황에서 할 수 있는 것보다 더 많은 것을 성취할 수 있도록 이끌어 준다. 학습자가 중재를 통해 혜택을 누리려면, 이해를 넓히고 기술을 개발할 수 있는 적절한 상황에 놓여야 한다. 근접발달영역 내에서 중재를 하는 것은 학습에 도움이 되는 환경을 조성하여 학습자가 수용할 수 있는 상황에 놓이게 해 준다. 비고츠키의 근접발달영역 내 스캐폴딩 개념은 포이에르스타인의 의도성과 상보성 개념을 보완해 준다.

학습은 발달에 앞서 진행될 때만 유효하다.
(그다음에) 성숙 단계에 있는 기능이 깨어나, 삶에 눈을 뜨게 한다.

– L. S. 비고츠키

작업 페이지

사람들이 어떻게 배우는지에 대해 당신은 어떻게 이해하고 있는지 생각해 보시오. 당신은 어떤 다른 아이디어, 접근법, 이론 또는 실습들이 포이에르스타인의 의도성과 상보성 중재 개념과 잘 연결된다고 생각하는가?

작업 페이지

이 삽화는 규율을 유지하고 학생들을 바쁘게 하기 위해 종종 교실에서 사용되는 비효율적이고 직접적이며 권위주의적인 접근 방식을 보여 준다.

앞의 사례와 관련하여 다음 질문에 답해 보시오.

1. 교사의 중재에 대해 논평해 보시오.

_____

_____

_____

2. 의도성과 상보성이 있다는 증거는 무엇인가?

_____

_____

_____

3. 교사는 의도성과 상보성을 어떻게 더 효과적으로 확립할 수 있을 것인가?

_____

_____

_____

작업 페이지

참 혹은 거짓

맞는 문장에 **T**를 쓰고, 틀린 문장에 **F**를 쓰시오.

1. 의도성과 상보성은 같은 동전의 양면이다. 본질적으로, 그것들은 학습자/아이에게 집중하고, 학습 상황에 참여할 의지를 끌어내기 위한 중재자의 신중한 의도성이다. _____
2. 의도성은 중재자가 잘 준비해서 교실에 올 때 항상 일어난다. _____

정의하기

의도성과 상보성을 자신의 말로 정의하시오.

_____

_____

_____

수정하기

다음 진술을 의도성과 상보성 중재를 향상시키는 것으로 대체하시오.

"책을 꺼내서 공부를 시작해라."

_____

_____

_____

생각하기

몬테소리 방법의 교육자들은 아이들이 자극을 가지고 자유롭게 실험할 수 있어야 되고, 교사는 그 아이를 따라가 아이가 설명하기를 기다려야 한다고 믿는다. 이것이 의도성과 상보성에 모순된다고 생각하는가?

_____

_____

_____

제3장

의미

의미(meaning)에 대한 중재는 중재자가 활동의 중요성과 목적을 전달할 때 일어 난다. 중재자는 관심과 정서적 개입을 보여 주며, 학습자와 활동의 중요성에 대해 논의하고, 그리고 왜 활동을 해야 하는지에 대한 이해를 끌어낸다.

설명

 기호는 마치 중재자가 자극의 중요성을 이해하는 열쇠를 제공하는 것처럼 보인다. 열쇠 또는 의미의 중재는 피중재자의 문화적 맥락을 열어 주고 해석한다.

의미를 중재하는 것은 중재학습경험 퍼즐의 두 번째 조각이다. 첫 번째 퍼즐 조각인 의도성과 상보성의 중재는 활동이나 대상을 선택하고 구성하는 것과 관련이 있지만, 의미의 중재는 그 활동이나 대상에 가치와 에너지를 부과하는 것과 관련이 있으며, 이는 학습자와 관련이 있다.

의미가 있는 자극을 주는 과정은 종종 윤리적이며 사회적인 가치를 전달하기도 한다. 의미의 중재는 지식, 가치 및 신념이 한 세대에서 다음 세대로 전이되는 과정이다 (Feuerstein, 1980, p. 13).

주의하기

의미는 인지적(지적)이면서도 정서적(감정적) 단계에 중요성을 부여함으로써 중재된다.

- 가치와 신념은 인지적 단계에서 소통된다.
- 에너지와 열정은 정서적 단계에서 소통된다.

집에서

보호자는 의도성과 상보성 중재를 통해 목욕을 준비할 때 아이에게 물을 틀어 주고 옷을 벗는 것을 돕는다. 그리고 의미 중재를 통해 물을 갖고 노는 것이 즐거운 것이라고 격려하여 목욕을 경험할 수 있는 이유를 제공해 준다. 이러한 방법으로 아이들이 열정적으로 활동하도록 돕고 그것의 중요성을 이해하도록 도와준다.

올바른 중재자들이 학습자에 관한 그들의 가치를 부과해야 하는 것을 묻는 비평가에 대한 응답으로, 포이에르스타인은 차례로 그들이 하지 않을 권리가 무엇이냐고 묻는다. 다음을 고려하라.

- 어머니 자신이 하는 모든 것에 의미를 부여하면, 아이는 삶의 모든 면에서 의미를 원하기 시작한다.
- 의미를 부여하는 과정은 아이가 질문을 하도록 자극하고 모든 추가 조사, 미래의 도전 및 그 의미의 거절 가능성에 대한 기초를 설정한다.
- 환경에 대한 확고한 이해가 없다면, 아이는 그것을 받아들이거나 변형시키는 능력에 반응할 수 없다.
- 의미를 중재하지 않으면, 아이는 인지적으로 그리고 감정적으로 풍성한 자극에 대한 접근성을 박탈당한다.

이러한 이유로 포이에르스타인은 모든 피중재자들은 중재학습경험을 받을 권리가 있고, 중재자는 그것을 제공할 의무가 있다고 믿는다.

비록 중재자가 피중재자에게 의식적으로 자신의 가치를 부과하지 않기로 결정할 수도 있지만, 이 과정이 어느 정도 발생하는 것은 불가피하다. 가치 없는 상황은 없다. 그러나 의미 중재가 명확하지 않은 경우 피중재자는 의미를 가치가 있는 것으로 인식하고 상황을 비판적으로 평가할 수 있는 능력이 저하된다.

> 의미는 중재자들이 아이들에게 제시하고 있는 자극이 반드시 관찰되도록 하는 정서적이고 정력적인 원리이다. 실을 천으로 옮기는 것은 바늘이다.
>
> – H. 샤론

적용	
예제들	의미 중재를 길러 주는 활동들
〈교실에서〉 교사는 수업의 동기를 부여한다. "우리가 살고 있는 물리적 세계를 이해하기 위해 지리학을 연구하고 있어요."	• 교사는 학생들에게 다양한 과목의 중요성이나 가치를 전달한다. • 교사는 과제와 관련된 기본 전략과 기술을 명시적으로 제시한다. • 교사는 빈도 또는 강도를 변경하여 자극을 활성화한다. • 교사는 의미를 전달하기 위해 비언어적 행동(위치, 얼굴 표정 등 수준 및 음성 사용)을 사용한다. • 교사는 학생들의 반응에 의해 표현된 의미를 인정한다.
〈집에서〉 보호자는 가치를 전달한다. "살기 위해 물이 필요했는데 비가 내리게 되어 감사해."	• 부모는 행동에 특정 제약이 부과된 이유를 설명한다. • 부모는 행동을 모델링하여 활동의 중요성을 전달한다. • 부모는 일상적인 활동을 할 때 그것을 수행하는 이유를 말로 표현한다. • 어머니는 자녀가 자신의 환경을 이해하기 위해 의미를 찾도록 격려한다. • 보호자는 문화행사의 근본적인 중요성을 공유한다.
〈상담/지역사회 상황에서〉 치료사는 평가를 정당화한다. "우리는 당신에게 쉬운 일이나 어려운 일이 무엇인지 알아보기 위해 검사하고 있습니다. 그러면 우리는 당신을 도울 수 있는 최선의 방법을 알게 됩니다."	• 치료사는 특정 상황에서 적절한 행동의 중요성을 전달한다. • 상담사는 고객이 자신의 가치 체계를 분명히 하도록 돕는다. • 사회복지사는 특정 프로젝트의 관련성과 가치를 논의하고 지역사회 기능 참여에 대한 열정을 증진시킨다. • 치료사는 고객의 감정을 해석하고 반영한다.

연결하기

의미 중재는 교육 관계자들이 개발한 아이디어와 접근법에 연결될 수 있다. 교수와 학습은 의미 중재로 향상된다는 포이에르스타인의 생각을 지지하고 보완하는 교육자, 심리학자, 이론가들의 다음과 같은 아이디어들을 생각해 보라.

다음 관점들을 생각해 보고 의미 중재와 연결해 보라.

살아야 할 '이유(why)'를 갖고 있는 사람은 거의 모든 '방법(how)'을 감당할 수 있다.

– 프리드리히 니체

중요한 것은 질문을 멈추지 않는 것이다.

– 앨버트 아인슈타인

목표는 의미를 가지고 행동하는 것이다.

– 존 듀이

생각해 보기

홀로코스트의 공포에 시달린 심리학자인 빅터 프랭클(Viktor Frankl, 1905~1997)의 작품을 생각해 보라. 그의 끔찍한 경험을 통해 나치의 죽음의 수용소에서 살아남을 수 있었던 기회를 가진 사람들은 미래에 대한 희망을 갖고 삶과 고통에는 나름의 이유나 목적이 있을 것이라고 믿었던 사람들이었다. 프랭클의 철학은 어떤 상황에서도 삶은 의미를 갖고 있다는 것과 사람들은 그런 의미를 발견할 수 있는 능력이 있다는 것이다.

이 철학은 『죽음의 수용소에서(Man's Search for Meaning)』라는 책에서 설명되어 있다. 그는 의미치료(logotherapy)라는 치료법을 개발했다. 의미치료는 '존재에 대한 이유를 주는 것'으로 번역되는 그리스 단어 '로고스(logos)'에서 유래한다. 삶의 경험에서 목적을 찾는 것은 의미치료의 핵심이다. 이 개념은 포이에르스타인의 의미를 중재하는 방식과 일치하며, 이는 배우고 있는 것에 의미와 가치를 투자하는 것이다.

삶의 의미는 사람마다, 날마다, 시간마다 다르다. 그러므로 중요한 것은 삶의 일반적 의미가 아니라 오히려 주어진 순간에서 한 개인의 삶의 구체적인 의미이다.

– 프랭클, 1985, p. 130.

작업 페이지

당신이 학습에 대해 어떻게 이해하고 있는지 생각해 보시오. 당신은 어떤 다른 아이디어, 접근법, 이론 또는 실습들을 포이에르스타인의 의미 중재 개념과 연결할 수 있는가?

_____

_____

_____

_____

_____

_____

_____

_____

_____

_____

_____

_____

_____

_____

_____

_____

_____

_____

_____

_____

_____

_____

_____

작업 페이지

종종 부모로서, 우리가 아이에게 전하는 메시지에는 아이와 관계를 맺을 수 있는 의미가 있는 내용들이 담겨 있지 않다.

위의 삽화와 관련지어 다음 질문에 답해 보시오.

1. 당신은 이 시나리오에서 알렉스의 아버지가 알렉스에게 의미를 중재하는 데 실패했다고 생각하는가?

_____

_____

_____

2. 알렉스의 아버지가 어떻게 의미를 중재했어야 했는지 예를 들어 보시오.

_____

_____

_____

3. 의도성과 상보성 중재를 사용하여 아버지와 아들 사이의 의사소통 붕괴를 해결할 수 있을까?

_____

_____

_____

작업 페이지

참 혹은 거짓
맞는 문장에 **T**를 쓰고, 틀린 문장에 **F**를 쓰시오.

1. 의미 중재는 행동에 대한 이유를 제시하는 것과 관련이 있다. _____
2. 아이들이 자신의 세상에 대한 이해를 하기 위해서는 중재자가 그들의 상황에 대해 설명을 해 줘야 한다. _____

정의하기
자신의 말로 의미 중재를 정의하시오.

_____

_____

_____

수정하기
다음 문장을 의미 중재를 향상시킬 수 있는 것으로 대체하시오.

"괴롭히지 마!"

_____

_____

_____

생각하기
1960년대, 부모와 교사들은 의미를 중재한다고 아이들에게 그들의 가치를 강요할 권리가 없다고 믿었고, 자극에 대해 사전에 형성된 의미를 억지로 떠맡기는 것은 주입이라고 믿었다. 이것에 대해 어떻게 생각하는가?

_____

_____

_____

제4장

초월

초월 중재(transcendence)는 상호작용이 현재의 직접적인 필요를 넘어서 학습자의 필요 시스템을 확대하고 다양화할 때 발생한다. 초월 중재의 목표는 현재의 문제를 넘어서는 쟁점으로 일반화될 수 있는 원칙, 개념 또는 전략의 습득을 증진하는 것이다.

설명

모든 단일 활동에는 초월을 위한 잠재성이 내재되어 있다. 초월은 관련 활동과 아이디어를 연결하고, 현재의 필요를 확장되는 요구에 결합시키는 다리이다.

초월 중재는 중재학습경험 퍼즐의 세 번째 조각으로, 초월은 상호작용을 중재학습경험으로 만드는 세 번째 필수 조건이다. 본질적으로 중재학습경험인 모든 행위는 의도성과 상보성, 의미와 초월을 반드시 포함해야 한다.

초월 중재는 중재자가 특정 이슈 또는 활동을 다른 것과 연결시킬 때 발생한다. 이를 통해 학습자는 상호작용이 이끌어 내는 직접적이고 즉각적인 요구를 넘어서서 활동하게 되고, 이러한 요구들은 관련된 이슈 및 활동들과 이어진다. 그렇게 함으로써 중재자는 피중재자 요구 체계를 확장하여 이해, 반성적 사고, 사물 간의 관계 형성에 대한 요구가 일어나도록 한다.

초월은 아이를 성장시켜 (1) 세계에 대한 깊은 이해, (2) 사물이 어떻게 상호 연결되는지에 대한 인식, (3) 사물 간의 관계를 조사하고 발견하는 호기심, (4) 사물에 대해 더 많이 알고자 하여 설명을 찾아보려는 욕망을 갖게 한다.

교실에서

교실에서 초월에 대한 잠재력은 사실과 그 사실에 대한 암기식 반복에 초점이 맞추어지고, 지식이 단편화되고 구분될 때 제한을 받는다. 이 잠재력은 절차적 교수법, 즉 기본 사고에 대한 교수법에 초점을 맞추며, 지식을 통합하여 더 넓은 맥락에 연결시킬 때 실현된다.

집에서

집에서 초월은 행동에 대한 어떠한 설명이 없고, 사건들 사이에 어떠한 연결도 짓지 않을 때 제한된다. 그러나 관련 사건들에 연결될 때, 중재자는 피상적인 목표를 초월하게 된다. 예를 들어, 갑작스럽게 슈퍼마켓에 가는 경우 단순히 식료품을 사는 것 같은 즉각적 요구를 넘어 다음과 같은 토론을 통해 초월을 할 수 있도록 해 준다.

- 제품들의 출처가 어디인지
- 제품들을 어떻게 재배하였으며, 어떻게 포장하는지
- 왜 제품들을 다양한 범주로 표시하는 것인지
- 서로 다른 제품들이 제시된 가격만큼의 비용을 지불할 만한지
- 광고가 제품을 선택하는 데 어떤 영향을 주는지
- 특정 제품이 환경에 어떤 영향을 미치는지

기억하기

초월 중재는 다음과 관련 있다.

- 일반적인 규칙을 찾아 관련된 상황에 적용한다.
- 현재 사건들을 미래 및 과거의 사건들과 연결시킨다.
- 성찰적 사고를 통해 상황을 본질적으로 이해하도록 해 준다.
- 경험과 쟁점에 대해 폭넓게 생각한다.

교육은 배운 것이 잊혀졌을 때 살아남는 것이다.

‑ B. F. 스키너

적용	
예제들	초월 중재를 길러 주는 활동들
〈교실에서〉 교사는 기본 원리를 도출한다. "niece(조카), piece(조각), receipt (영수증), deceive(속임수)의 철자로 어떤 규칙을 만들 수 있습니까?"	• 교사는 수업 주제를 이전 혹은 이후 과목에 연결한다. • 교사는 구체적 내용과 일반적 목표 사이의 관계를 밝힌다. • 교사는 '누가'와 '무엇'의 질문보다 '왜' 및 '어떻게' 질문을 선호한다. • 교사는 일반화하고, 학생들에게 특정한 경우에서 기본 규칙으로 일반화하도록 요구한다. • 교사는 학생들이 사례들을 연결해 복잡한 관계를 찾고 싶은 요구가 일어날 수 있도록 한다.
〈집에서〉 부모는 일반화를 장려한다. "이 붉은 꽃을 봐. 이런 색깔을 어디서 찾을 수 있을까?"	• 부모는 특정 행동을 모델링하여 다양한 상황에서 아동에게 그 적합성을 설명한다. • 어머니는 아이에게 관련 개념들을 연결시킬 수 있는 어휘를 제공한다. • 아버지는 아이를 격려하여 이전에 얻은 개념이나 아이디어에 새로운 경험을 연결시킬 수 있도록 한다. • 보호자는 아이를 자극하여 즉각적 경험 이상을 탐구하게 함으로써 아이들이 환경에 대한 이해를 넓힐 수 있도록 한다.
〈상담/지역사회 상황에서〉 치료사는 치료에서 얻은 기술을 일상의 상황에 연결한다. "우리는 효과적인 의사소통의 원칙을 토론해 왔습니다. 이제 그것을 집에서 시도해 보세요.'	• 치료사는 치료 상황에서 역할 놀이를 하고, 고객에게 집에서 동일한 행동을 시도하도록 요청한다. • 상담사는 일반적인 원인을 조사함으로써 외관상 이질적인 문제를 연결한다. • 지역사회 봉사자는 가족의 역동에 적용될 수 있는 공동체 시스템에 통찰력을 촉진한다. • 치료사는 현재의 어려움을 과거의 경험과 연결하여 대안적인 해결책을 제시한다. • 상담사는 가족 상호작용의 관점에서 아동 문제를 해석한다.

연결하기

초월 중재는 교육 관계자들이 개발한 아이디어들과 접근들에 연결될 수 있다. 교수와 학습은 초월 중재로 향상된다는 포이에르스타인의 생각을 지지하고 보완하는 교육자, 심리학자, 이론가의 다음과 같은 아이디어들을 생각해 보라.

다음 견해들을 생각해 보고, 초월 중재와 연결해 보라.

대상의 피상적인 측면에 대한 단순한 기계식 암기는 참된 학습이 아니다.

— 파울로 프레이리

만일 기억하기 위해 공부한다면 잃어버릴 것이지만, 이해하기 위해 공부한다면 기억할 것이다.

— 미상

생각해 보기

지적인 사람은 세 가지 종류의 기술, 즉 분석적 기술(분석하고 비교하는 것), 창조적 기술(발명하고 발견하는 것) 그리고 실용적 기술(기술을 실제로 적용하는 것)의 균형을 잡을 수 있는 사람이라고 믿는 인지 심리학자인 로버트 스턴버그(Robert Sternberg)의 견해를 생각해 보라. 그는 이것을 지능의 삼원이론이라고 불렀으며(Sternberg, 1988), 지능은 상황이나 환경에 맞게 이 세 가지 기술의 균형을 맞추는 것이라고 말했다.

지적인 학습은 사실과 정보를 기억하는 것이 아니라 정보를 분석하고 평가하여 창의적으로 생각함으로써 다양한 상황에 적용하여 적절하게 대처하도록 하는 것이다. 지적인 학습에 대한 이러한 견해는 초월 중재의 중요성에 대한 포이에르스타인의 견해와 매우 유사하다. 이 두 가지 방법 모두 지금 여기를 뛰어넘는 기본 원리에 도달하게 함으로써 학습자가 다른 상황에서 배운 것을 적용할 수 있게 해 준다. 이 텍스트에서 다양한 이론가들의 연구를 탐구함으로써, 우리는 포이에르스타인의 중재학습의 견해를 초월하고 있다.

또한 러디어드 키플링(Rudyard Kipling)은 초월에 대한 사고 기술 개발의 중요성을 유머러스하게 강조하고 있다.

나는 정직한 6명의 봉사자를 갖고 있다.

(그들은 나에게 내가 알고 있는 모든 것을 가르쳐 주었다.)

그들의 이름은 무엇이, 왜, 언제, 어떻게, 어디서 그리고 누가이다.

– 러디어드 키플링

『그냥 그런 이야기(Just So Stories)』 중 '코끼리의 어린이(The Elephant's Child)'에서

작업 페이지

학습에 대해 당신이 어떻게 이해하고 있는지 생각해 보시오. 당신은 어떤 다른 아이디어, 접근법, 이론 또는 실습들을 포이에르스타인의 초월 중재 개념에 연결할 수 있는가?

작업 페이지

상담사의 주요 역할 중 하나는 고객에게 힘을 실어 주어 상담에서 논의된 전략을 개인이 스스로 움직여 외부 세계와 연결하도록 하는 것이다.

> 카일리, 이제 우리가 맡은 역할을 집에서 일주일 동안 해 봅시다.

> 한번 해 볼게요.

위의 삽화와 관련지어 다음 질문에 답해 보시오.

1. 상담사는 카일리에게 초월을 어떻게 중재하는가?

_____

_____

_____

2. 상담에서 이러한 접근법을 사용했을 때의 효과성에 대해 논평해 보시오.

_____

_____

_____

3. 이 시나리오에서 상담사가 초월을 중재할 수 있는 다른 기회는 무엇인가?

_____

_____

_____

작업 페이지

참 혹은 거짓

맞는 문장에 **T**를 쓰고, 틀린 문장에 **F**를 쓰시오.

1. 부모는 아이가 요구하는 것보다 더 많은 것을 제공하는, 단순한 질문에 응답할 때 초월을 중재한다. _____

2. 학생을 격려해 사건들 사이의 관계를 찾도록 하는 것은 초월 중재의 한 형태이다. _____

정의하기

자신의 말로 초월을 정의하시오.

_____

_____

_____

수정하기

다음 문장을 초월 중재를 향상시킬 수 있는 것으로 대체하시오.

"우리가 이 부분의 역사를 배우고 있는 것은 그것이 고등학교 졸업 요건이기 때문이란다."

_____

_____

_____

생각하기

교사들은 종종 강의계획서에 얽매여 학생들이 시험에 합격하도록 하는 것이 그들의 책임이라고 믿는다. 그러다 보니 강의계획서에 담겨 있지 않은 활동은 하지 않는다. 이에 초월 중재에 실패하게 된다. 그들은 현재의 주제와 다른 주제 또는 인생의 경험을 연결시켜 주는 것이 학생들의 주의를 산만하게 할 수 있다고 믿는다. 이것에 대해 어떻게 생각하는가?

_____

_____

_____

유능감

유능감(competence) 중재는 중재자가 도움을 줘서 학습자가 주어진 행동을 성공적으로 수행할 수 있는 자신감을 발달시킬 때 일어난다. 중요한 것은 성공의 결과가 반드시 필요한 것이 아니라, 학습자의 자신감에 대한 인식이다.

설명

유능감은 목표나 성공에 대한 절대적 정의와 반드시 관련이 있는 것이 아니라, 성공했다는 학습자의 인식과 관련이 있다. 그것은 잘한 일에 대해 자신에게 정신적 메달을 걸어 주는 학습자의 능력에 비유될 수 있다.

유능감 중재는 중재학습경험 퍼즐의 네 번째 조각이다. 그것은 학습자의 자기 확신을 발달시키는 것이다. 자기 확신은 임파워링이다. 그것은 독립된 사고를 촉진하고, 동기부여된 행동을 격려하며, 목표의 실현에 기여한다. 이처럼 유능감 중재는 그 어떤 중재학습경험에서도 가치를 매길 수 없는 요소이다.

유능감을 절대적인 용어로도 선천적인 능력이나 결핍으로도 보지 않고 하나의 과정으로 보아야 한다. 어떤 과제에 대한 유능감은 경험과 성숙 정도에 따라 향상된다.

유능감을 중재하는 것은 학습자에게 다음을 주입시키는 것이다

- 좋은 정신력
- 자신의 능력에 대한 긍정적 신념
- 시도해 볼 동기부여
- 끈기 있는 결정

유능감을 중재할 수 있는 방법들은 다음과 같다.

- 학습자의 전문성 수준 내에서 자극 선택
- 자극에 대한 학습자의 반응 보상
- 성공적인 경험을 얻었던 학습자의 전략을 명확히 명시

- 전체 활동이 실패한 것처럼 보일지라도 초점을 맞추어 성공적으로 수행했던 활동의 일부를 명료화하기

교실에서

자신감은 교실에서 쉽게 퇴색될 수 있다. 경쟁적이고 결과지향적인 교육시스템은 성공을 향한 단계보다 오류에 더 많은 관심을 쏟을 수 있다. 실수에 부정적인 관심을 주면, 학생은 자신의 강점보다 약점으로 자신을 정의하기 시작한다. 이런 부정적 인식은 그들의 업적에 관계없이 자신이 결코 충분히 훌륭하지 않다고 믿는 자아상을 만들게 된다.

자아상이 부정적이면, 교실에 다음과 같은 다양한 행동 문제를 일으키게 된다.

- 학생들이 교사나 동료의 뛰어난 능력에 너무 신경을 써서 일을 시도하거나 견디는 것을 꺼리는 자신감 부족
- 학생들이 과제를 회피하거나 기피하는 동기부여 부족
- 충동성과 불규칙한 수행을 유발하는 불안감

부모와 교사가 아이에 대해 갖고 있고, 아이들에게 전하는 인식은 명시적으로나 암묵적으로 그들의 유능감에 지대한 영향을 미친다. 아이들은 종종 다른 사람들의 기대에 부응하여 자기 충족적 예언을 낳는다.

기억하기

중재학습경험의 다양한 구성요소들은 서로 고립되어서는 안 된다. 중재학습경험 퍼즐의 12개 조각 모두는 서로 보완하고 균형을 맞추고 있다.

예를 들어, 유능감 중재는 성공에 대한 하나의 과정으로서, 자기변화의 중재, 내적 성장과 진보에 대한 인식을 강화시켜 준다(제11장 참조).

> 아마도 한 개인의 성패의 가장 중요한 단 하나의 원인은 교육적으로 볼 때, 그가 자신에 대해 무엇을 믿는가에 대한 질문과 관련이 있을 것이다.
>
> – 아서 W. 콤즈

적용	
예제들	유능감 중재를 길러 주는 활동들
〈교실에서〉 교사는 칭찬을 한다. "너는 이 수학문제를 매우 잘 풀었어."	• 교사는 학생들의 유능감 수준에 따라 적절한 자료를 선택하고, 단순화하고, 속도를 늦추고, 반복해서 자극을 수정한다. • 교사는 학생들의 발달 수준에 따라 질문을 구성한다. • 교사는 학생들의 성공에 대한 이유를 설명해 주고 성공적인 수행결과를 얻어 낸 과정을 확실히 이해할 수 있도록 해 준다. • 교사는 학생들이 그들의 진행 상황을 알 수 있도록 한다. • 교사는 전체적인 결과가 불만족스럽더라도 학생들의 작업에서 긍정적인 요소에 반응해 준다.
〈집에서〉 어머니는 자녀의 성공에 대한 이유를 설명해 준다. "잘했어! 이번에는 양손으로 컵을 잡아서 우유를 흘리지 않았구나."	• 아버지는 아이의 나쁜 행동보다 좋은 행동에 집중한다. • 어머니는 아이의 '도움'으로 집안일을 하며 감사의 뜻을 표한다. • 부모는 아이가 문제 해결 전략을 성공적으로 적용했다고 칭찬한다. • 보호자는 활동을 설계할 때 아이의 발달 단계를 고려한다. • 부모는 아이에게 성공적인 행동의 기초가 되는 이유를 인식하도록 장려한다.
〈상담/지역사회 상황에서〉 지역사회 활동가는 성공적인 개입을 칭찬하고 성찰한다. "아이들에 대한 당신의 공감으로 인해 당신은 그 분쟁을 효과적으로 해결할 수 있었어요.'	• 상담사는 강점을 통해 상담하고 약점을 보완함으로써 유능하다는 감정을 가질 수 있도록 해 준다. • 지상담사는 집단 구성원들의 특별한 재능이나 기술을 확인시켜 줌으로써 그들을 임파워먼트한다. • 치료사는 아이들이 기록지에 발전을 표현하도록 돕는다. • 상담사는 어려운 문제에 접근할 수 있도록 어려운 개념을 쪼갠다.

연결하기

유능감 중재는 교육 관계자들이 개발한 아이디어와 접근에 연결될 수 있다. 교수와 학습은 유능감 중재로 향상된다는 포이에르스타인의 생각을 지지하고 보완하는 교육자, 심리학자, 이론가들의 다음과 같은 아이디어들을 생각해 보라.

유능감 중재와 연결되는 다음 관점들을 생각해 보라.

아이들을 가치 있는 사람으로 가르치는 것보다 더 좋은 방법은 없다. 아이들이 가치 있는 느낌을 더 많이 받을수록 가치 있는 것들을 더 많이 말하기 시작할 것이다. 그들은 당신의 그러한 경험들에 부응할 것이다.

– M. 스콧 펙

자기 믿음이 반드시 성공을 보장하는 것은 아니지만, 자기 불신은 분명히 실패를 야기한다.

– 앨버트 밴듀라

교육은 그 아이가 자신의 잠재력을 깨닫도록 돕는다.

– 에리히 프롬

생각해 보기

사회심리학자 앨버트 밴듀라(Albert Bandura)의 연구를 생각해 보라. 그의 사회인지 이론은 사람들이 그들의 수행 능력에 대해 무엇을 믿는지에 초점을 맞추는 것의 중요성을 강조했다. 그는 자기효능감(self-efficacy) 개념을 발전시켰고, 학습자들이 자신에 대해 어떻게 생각하고 느끼는지가 그들의 행동에 어떻게 동기부여를 하는지에 얼마나 영향을 미치는지 보여 주었다. 성공할 능력과 자신의 능력에 대한 긍정적인 믿음을 가진 학습자들은 일을 더 쉽게 성취할 수 있고 자신에 대해 더 좋게 느낄 수 있다. 또한 그들은 어렵고 끈기를 필요로 하는 상황을 시도하고 피하기보다는 오히려 더 도전에 직면할 것이다. 강한 자기효능감, 즉 유능감은 학습자가 실패에서 더 효과적으로 회복할 수 있게 해 준다. 학습자들은 더 많은 기술이나 지식을 습득함으로써 실패를 극복하는 것이 그들의 통제력이라고 믿는다. 자기효능감은 성공적인 경험을 하고, 긍정적인 역할 모델을 보고, 실패 후 자신감을 되찾고, 다시 시도하도록 설득됨으로써 얻어지는 것으로, 이 접근법은 성공적 능력에 대한 믿음을 심어 주는 것이 학습 능력을 향상시키는 포이에르스타인의 유능감 중재 개념을 보완하는 것으로 보인다.

> 자기효능감이 있는 사람들은 실패에서 회복된다. 그들은 무엇이 잘못될 수 있는지에 대해 걱정하기보다는 그것들을 어떻게 다루어야 하는지의 측면에서 접근한다.
>
> – 앨버트 밴듀라

작업 페이지

사람들이 어떻게 배우는지를 당신이 어떻게 이해하고 있는지에 대해 생각해 보시오. 당신은 어떤 다른 아이디어, 접근법, 이론 또는 실습들을 포이에르스타인의 유능감 중재 개념과 연결할 수 있는가?

_____

_____

_____

_____

_____

_____

_____

_____

_____

_____

_____

_____

_____

_____

_____

_____

_____

_____

_____

_____

_____

_____

작업 페이지

절망에 빠져서, 교사는 학생을 대신하여 어떤 학습도 반영하지 않는 시험을 되돌릴 수 있고, 교사는 논평을 강요당한다.

앞의 사례와 관련하여 다음 질문에 답해 보시오.

1. 여러분이 생각하기에 위 시나리오에서 유능감 중재가 보이는지에 대해 논평해 보시오.

_____

_____

_____

2. 부정적인 꼬리표를 붙였다는 증거는 무엇인가? 이것이 주아니타에게 어떤 영향을 미치는가?

_____

_____

_____

3. 교사는 주아니타에게 나쁜 시험 결과를 알려 주면서 어떤 방법을 취할 수 있었을까?

_____

_____

_____

작업 페이지

참 혹은 거짓

맞는 문장에 **T**를 쓰고, 틀린 문장에 **F**를 쓰시오.

1. 지능이 낮은 아이에게 그의 약점에 대한 현실적인 평가를 제공하는 치료사는 유능감을 중재하고 있는 것이다. _____
2. 교사는 활동을 계획할 때 학생들의 발달 단계를 고려해야 한다. _____

정의하기

자신의 말로 유능감을 정의하시오.

_____

_____

_____

수정하기

다음 문장을 유능감 중재를 향상시킬 수 있는 것으로 대체하시오.

"이 에세이는 지난번과 마찬가지로 좋지 않다. 정말로 네가 다시 쓸 만한 가치가 있는 거니?"

_____

_____

_____

생각하기

현재 우리의 교육 시스템은 성공을 올바른 최종 결과물을 얻는 것과 동일시한다. 그러므로 최종 결과물이 성공하지 못하더라도 작업과정의 긍정적인 측면에 대해 아이에게 보상하는 것은, 학습에 대한 이러한 접근방식이 기존의 시스템과 양립할 수 없기에, 아이에게 해를 끼치는 것이다. 이에 대해 당신은 어떻게 생각하는가?

_____

_____

_____

제6장

자기 규제와 행동 통제

자기 규제(self-regulation)와 행동 통제(control of behavior) 중재는 중재자가 개입해 학습자가 자기 관찰에 대한 필요를 인식하고 행동을 조절할 때 일어난다. 정신 활동의 신속성과 강도는 자극의 특성과 상황에 따라 수정된다.

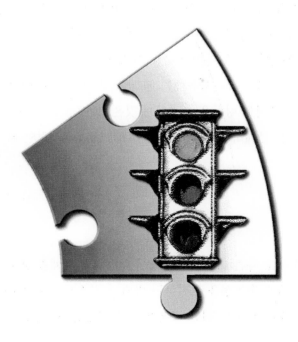

설명

자기 규제와 행동 통제 중재는 아이에게 자율적인 교통 신호를 주입하는 것으로 연결될 수 있다. 빨간 빛은 아이가 충동적으로 어떤 과제나 상황에 뛰어드는 것을 막고, 노란 빛은 그 과제에 대한 성찰적 사고를 하도록 주의를 주고, 녹색 빛은 그 아이가 활동을 조직적이고 적절하게 하도록 격려할 것이다.

자기 규제와 행동 통제 중재는 중재학습경험 퍼즐의 다섯 번째 조각이다. 그것의 목적은 아이들이 자신의 학습과 행동에 책임감을 갖도록 격려하는 것이다. 아이들이 자신의 생각과 행동에 대해 생각(메타인지)하고 특별한 자극 혹은 상황에 대한 적절한 행동을 선택하도록 한다. 아이들에게 어떤 상황에서 반응하고 그리고 그들의 반응을 조직하는 방법을 지시할 때, 우리는 그들의 자율성과 자기 관찰의 기회를 감소시킨다.

자기 규제와 행동 통제 중재는 아이들이 과제를 분석하여 자신의 행동을 적절히 조절할 수 있도록 도와준다. 예를 들어, 일상적이거나 익숙한 과제들은 참신한 과제보다 훨씬 빨리 해결할 수 있고, 쉬운 활동에는 복잡한 것보다 노력을 덜하게 된다. 특별한 과제 상황에 대한 반응에서 행동을 조절하는 것은 (1) 충동을 억제하는 것, (2) 복잡한 문제를 작은 부분으로 분해하는 것, (3) 엉뚱한 추측보다 체계적인 접근에 관여하는 것과 관련이 있다.

교실에서

다음 예는 2개의 서로 다른 교육적 상황에서 메타인지 중재를 보여 주고 있다.

초등학교 학생들에게 충동성을 조절하는 방법에 집중하도록 요구하였다. 포이에르스타인의 "잠깐만, 생각해 보자."라는 교훈에 대해 설명한 후, 신호등 빛을 이미지화하고 그들이 자신의 자율적 접근 방식을 만들 수 있도록 안내하였다. 그 학급은 만장일치로 "잉크로 쓰기 전에 생각하라."라는 교훈을 그들의 메타인지를 상기시키는 것으로 받아들였다.

한 무리의 고등학생들은 과제를 평가하는 서면 논평을 쓰게 함으로써 그들 자신이 선생님 역할을 하도록 지시받았다. 처음에는 성적 평가를 위해 선생님에게 수동적으로 의존하는 것에 익숙했던 학생들에게는 의외로 어려운 과제였다. 그러나 그들이 그들 자신의 학습 과정을 더 적극적으로 인식하게 됨에 따라, 그들의 성공과 실패의 이유를 독립적으로 평가할 수 있었고, 따라서 그들은 과제에 대한 자신들의 반응을 평가하고 조정할 수 있었다.

기억하기

자기 규제와 행동 통제 중재를 다른 중재학습경험 퍼즐에 연결해야 한다. 예를 들어, 학습자의 초점을 수동적인 정보 수신자에서 능동적이고 독립적이며 자율적인 학습자로 전환하기 위해, 자기 규제와 행동 통제 중재를 다음의 중재와 병행할 수 있다.

- 유능감-학생의 성공에 대한 인식을 통해 자신의 학습에 대한 책임감을 갖도록 하게 한다(5장 참조).
- 목표 계획-목표를 구상하는 것은 학생들이 목표를 달성하기 위해 필요한 조치를 계획하고 수행하도록 격려한다(9장 참조).
- 자기변화-학생들은 행동을 관찰함으로써 성장을 인식하게 된다(11장 참조).

사람의 자아개념은 스스로 책임질 때 고양된다.

- 윌리엄 슈츠

적용	
예제들	자기 규제와 행동 통제 중재를 길러 주는 활동들
〈교실에서〉 충동에서 보호하기 위해 교훈은 "잠깐만, 생각해 보자."	• 교사는 자율적 훈련을 강조한다. • 교사는 학생의 대답을 방해하지 않고, 답변하기 전에 숙고하고, 자신의 충동성을 인정하고, 수업을 구조화하면서 통제되고 조절된 행동을 시연한다. • 교사는 학생이 행동을 조절할 수 있도록 어떤 주제에 대해 집중하게 하고, 문단을 다시 읽게 하고, 답하기 전에 생각하게 하며, 자신이 수행한 것을 체크해 보도록 요구한다. • 교사는 학생들에게 우선순위에 따라 일과 계획을 짜라고 권한다. • 교사는 전략을 보여 주기 위해 문제에 대한 해결책을 이야기한다. • 교사는 학생들이 마치 선생님인 것처럼 자신의 일을 평가할 수 있도록 한다.
〈집에서〉 부모는 자녀가 적절하게 답변하도록 돕는다. "이 도로를 어떻게 안전하게 걸을 수 있을까?"	• 부모는 우선순위에 기반한 계획을 세우지 않고 과제에 돌진하는 것은 성공의 기회를 줄이는 것이라고 시범을 보여 준다. • 아버지는 자신과 아이가 함께 완성하고 있는 복잡한 업무와 관련된 단계를 파악한다. • 보호자는 더 어렵고 복잡한 일이 보다 세심한 계획을 필요로 하는 반면에 쉽고 친숙한 일은 얼마나 빨리 완성될 수 있는지를 보여 준다. • 부모는 행동의 결과와 그것에 대한 책임의 필요성을 아이가 인식할 수 있도록 양육한다.
〈상담/지역사회 상황에서〉 치료사는 충동적 행동보다 성찰적 행동을 격려한다. "당신 파트너의 요구에 바로 반응하기보다는 오히려 효율적인 의사소통을 위한 전략에 대해 생각해 보세요."	• 지역사회 활동가는 신속하고 쉬운 해결책을 서둘러 제시하는 대신 문제에 대한 세심한 분석을 보여 준다. • 치료사는 고객에게 반사회적 행동을 유발하는 감정과 그것의 통제에 필요한 단계를 인식하도록 안내한다. • 지역사회 활동가는 집단으로부터 그들의 행동에 대한 책임을 촉진시킬 수 있도록 문제를 해결한 과정을 이끌어 낸다. • 치료사는 고객이 학습 시간표를 계획할 수 있도록 돕는다.

연결하기

　자기 규제와 행동 통제 중재는 교육 관계자들이 개발한 아이디어들과 접근들에 연결될 수 있다. 교수와 학습은 자기 규제와 행동 통제 중재로 향상된다는 포이에르스타인의 생각을 지지하고 보완하는 교육자, 심리학자, 이론가의 다음과 같은 아이디어들을 생각해 보라.

자기 규제와 행동 통제 중재와 연결되는 다음 관점들을 생각해 보라.

우리는 우리 삶의 저자가 되어야 한다.

－ 피터 션

당신이 모든 것을 알지 못한다면, 당신에게 필요한 것은 생각하는 것이다.

－ 에드워드 드 보노

자신의 행동에 대해 책임을 느끼려면 그 행동이 자기 자신으로부터 흘러왔음을 감지해야 한다.

－ 스탠리 밀그램

자신과 자신의 상황을 분명하게 보고, 그 자신과 그 상황에 대해 자유롭게 책임지는 개인은 단순히 외부 상황에 사로잡혀 있는 사람과는 매우 다른 사람이다.

－ 칼 로저스

생각해 보기

　발달심리학자인 존 플라벨(John Flavell, 1979)이 처음 도입한 메타인지 개념을 생각해 보자. 플라벨에 따르면, 메타인지는 두 가지 메타인지적 지식(어떻게 생각하는가와 배우는가에 관한 지식)과 메타인지적 규제(우리들의 배움을 관리할 수 있는 능력)와 관련이 있다. 따라서 메타인지를 '생각에 대해 생각하는 것' '알고 있는 것을 아는 것' 또는 '통제하는 학습'이라고 표현할 수 있다. 성공적인 학습자는 자신의 학습을 인식하고 적절하게 관찰하고 수정할 수 있는 사람이다. 이들은 계획 수립, 계획 점검, 계획 평가 등을 통해 스스로 평가하고 관리할 수 있는 능력을 갖춰 통제하고 있다. 자체 평가 계획 단계에서, 학습자는 사전 학습이 새로운 작업에 어떤 도움을 줄 것이며 새로운 맥락에서 문제를 해결하는 최선의 방법을 결정할 것이다. 점검 단계에서 학습자는 작업이 어떻게 진행되는지 그리고 다른 작업을 수행해야 하는지 여부를 검토할 것이다. 평가 단계에서, 학습자는 과제가 얼마나 잘 수행되는지와 새로운 학습이 이루어질 것인지에 대해 생각하게 될 것이다. 메타인지는 포이에르스타인의 자기 규제와 행동 통제 중재 개념을 보완하는데, 학습자가 자신의 학습 과정을 관리할 때 효과적인 학습이 발생한다.

그러면 무엇이 그 명령의 핵심이 될 수 있는가? 자신을 알라. 나는 마음은 스스로 성찰해야 한다고 생각한다.

– 아우구스티누스, 삼위일체론

작업 페이지

사람들이 어떻게 배우는지를 당신이 어떻게 이해하고 있는지에 대해 생각해 보시오. 당신은 어떤 다른 아이디어, 접근법, 이론 또는 실습들을 포이에르스타인의 자기 규제와 행동 통제 중재 개념과 연결할 수 있는가?

_____

_____

_____

_____

_____

_____

_____

_____

_____

_____

_____

_____

_____

_____

_____

_____

_____

_____

_____

_____

_____

작업 페이지

종종 스트레스를 받는 상황에서 아이의 나쁜 행동이나 통제력 부족은 자기 관리를 할 줄 모르는 것의 직접적인 결과일 수 있으며, 이것을 중재할 수 있다.

앞의 사례와 관련하여 다음 질문에 답해 보시오.

1. 어머니는 효과적인 자기 규제와 행동 통제를 촉진하는 태도를 모델로 삼았나요?

_____

_____

_____

2. 시몬의 자기 규제 능력에 대해 논평해 보시오.

_____

_____

_____

3. 이 시나리오에서 어머니가 어떻게 자기 규제와 행동 통제를 중재할 수 있는지에 대한 다른 예를 제시하시오.

_____

_____

_____

작업 페이지

참 혹은 거짓

맞는 문장에 **T**를 쓰고, 틀린 문장에 **F**를 쓰시오.

1. 직업적 전문지식을 이용해 고객의 문제에 대한 즉각적인 해결책을 제공하는 치료사는 행동 규제를 중재하고 있다. _____

2. 시험을 치르기 전에 답을 확인하는 학생은 자기 규제와 행동 통제를 보여 주고 있다. _____

정의하기

자신의 말로 자기 규제와 행동 통제를 정의하시오..

_____

_____

_____

수정하기

다음 문장을 바꾸어 자기 규제와 행동 통제의 중재를 증진시킬 수 있도록 하시오.

"리도! 이 일은 부주의한 실수들로 꽉 차 있구나."

_____

_____

_____

생각하기

자발성과 충동성은 종종 창의성의 핵심에 있는 것으로 보인다. 자기 규제와 행동 통제 중재는 충동성을 억제하고 자발적인 행동보다는 체계적이고 계획적인 행동에 관여하는 것을 포함한다. 따라서 자기 규제와 행동 통제는 창의성을 억누를 수 있다. 당신은 어떻게 생각하는가?

_____

_____

_____

제7장

공유

공유(sharing) 행동 중재는 일반적으로 중재자, 학습자 및 개인의 상호의존성과 관련된다. 그것은 인지적이고 정서적인 단계에서 협력을 위한 상호 간의 필요성이다. 공유는 사회적 상호작용을 통해 공감을 발달시킨다.

설명

공유는 상호의존성에 대한 본질적인 필요성과 관련이 있다. 학습 상황에서 함께 탐구하고 공유하는 것을 서로 맞물리는 원에 비유할 수 있지만 동시에 개성의 특징을 유지한다.

공유 행동 중재는 중재학습경험 퍼즐의 여섯 번째 조각이다. 그것은 한 사람이 다른 사람과 연결될 필요성에 관한 것이다. 포이에르스타인은 공유를 "우리 사회적 존재의 기초 중 하나"라고 믿고 있다(Sharron, 1987, p. 17에서 인용).

공유 중재는 중재자와 학습자, 또는 학습자 집단이 함께 활동에 집중하고 함께 대응할 때 발생한다. 중재자는 아이디어와 느낌을 공유하고 학습자가 똑같이 하도록 장려한다. 공유는 지적이며 감정적인 차원에서의 협력에 대한 상호 간의 필요성이다. 그것은 공개적으로 다른 관점을 듣고 다른 사람들의 감정에 민감하게 반응하는 것을 포함한다.

공유 중재는 협력을 강조하는데, 그 결과는 다음과 같은 방법으로 사회적 상호작용의 역량을 증진시킨다.

- 상호 간의 자기 개방으로 신뢰의 환경이 발달된다.
- 성공은 공유되고 실패는 공감하는 경청자로부터 해결될 때 자아개념은 강화된다.
- 구두 및 서면 양식으로 아이디어를 공유하는 것은 인지 절차를 개발하고 혼란스러운 사고를 명확히 하는 데 도움이 된다.

교실에서

공유 행동 중재는 자동적으로 모든 건강한 가정의 일부이나 그것은 종종 무시되거나 심지어 일부 교실에서는 좌절되기도 한다. 교사가 전체 수업을 지배하고 지도하는 전통적인 교실에서 학생들은 고립되고 수동적이 된다. 결과적으로, 학생과 학생의 상호작용은 미미하며 학습은 개인주의적이고 경쟁적이다.

교실에서 경쟁적 학습을 강조하지 않고 그 대신 공유 행동을 중재하기 위해 더 협력적인 학습을 도입할 수 있다. 이것은 집단 작업, 또래 지도, 그리고 학생들을 수동적인 교육 수혜자보다는 능동적이고 사회적인 학습자로 강조하는 것을 포함한다.

집에서

공유 행동은 태아와 어머니가 자신의 몸을 공유하면서 시작된다. 아이와 부모 사이의 긴밀한 감정적 유대감은 눈을 마주치며 사물을 가리키고 함께 놀면서 키워진다. 이것은 발전하여 '주고받기' 상호작용, 공감적 의사소통, 세련된 사회관계로 변화한다.

공유는 집에서 교대로 바꿔 가면서 협력을 장려함으로써 중재될 수 있다. 하루에 일어난 일들을 저녁 식탁 위에서 나누고 집안일을 돕는 것은 가족관계를 강화시킬 뿐만 아니라 사회적 능력의 발전을 촉진한다.

기억하기

중재학습의 모든 기준은 서로 균형을 이루고 보완한다. 예를 들어, 상호의존성이 촉진되는 공유는 행동과 사고의 독립성이 장려되는 개별화와 지속으로 균형을 이룬다(8장 참조).

> 타인이 없으면 자기도 존재하지 않는다.
>
> – 미상

적용	
예제들	공유 중재를 길러 주는 활동들
〈교실에서〉 교사는 상호작용을 촉진시킨다. "너와 슈(Sue)가 질문에 대해 토론을 해 보고, 답을 반 아이들에게 알려 줄래?"	• 교사는 학생들이 서로 돕고 경청하도록 격려한다. • 교사는 집단 활동을 위한 기회를 준비한다. 교사는 협력의 중요성을 강조하는 주제를 선택한다. • 교사는 집단 지도 방법을 적용하고 학생들이 서로 경험을 공유하도록 격려한다.
〈집에서〉 아버지는 아이가 자신의 경험을 말하도록 격려한다. "그래니와 동물원에서 보낸 하루에 대해 이야기해 줄래."	• 어머니는 교대로 번갈아 가며 집안일을 공유하도록 하여 가족 구성원 간의 협력을 촉진시킨다. • 부모는 자녀에게 자신의 경험을 연관시켜 감정을 공유할 수 있도록 함으로써 행동 공유의 사례를 보여 준다. • 보호자는 놀이 집단과 다른 집단 활동에 참여할 기회를 정한다.
〈상담/지역사회 상황에서〉 상담사는 협력을 장려한다. "만일 함께 머리를 맞대면 문제는 훨씬 덜 복잡해집니다 – 두 사람의 머리가 한 사람보다 훨씬 나아요."	• 치료사는 고객들이 그들의 문제를 공유하고, 서로 공통점을 찾고, 지원 집단을 개발하도록 장려한다. • 치료사는 집단치료 환경에서 공감적 경청을 시범으로 보여 준다. • 상담사는 집단이 민주적인 접근의 이점을 경험할 수 있도록 허용한다. • 지역사회 활동가는 부족한 자원을 놓고 경쟁하기보다는 공유의 이점에 대해 토론하기 시작한다.

연결하기

공유 중재는 교육 관계자들이 개발한 아이디어들과 접근들에 연결될 수 있다. 교수와 학습은 공유 중재로 향상된다는 포이에르스타인의 생각을 지지하고 보완하는 교육자, 심리학자, 이론가들의 다음과 같은 아이디어들을 생각해 보라.

> **공유 중재와 연결되는 다음 관점들을 생각해 보라.**
>
> 타인을 통해, 우리는 우리 자신이 된다.
>
> – L. S. 비고츠키
>
> 다른 사람들과 관련된 우리의 모든 창조적인 행동—사랑, 연민, 도움, 평화 조성—은 미래만 있는 것이 아니라 영원하다.
>
> – 니콜라이 베르댜예프
>
> 우리가 혼자서는 매우 적은 것을 할 수 있지만 함께라면 많은 것을 할 수 있다.
>
> – 헬렌 켈러

생각해 보기

이론가들인 존슨과 존슨(Johnson & Johnson, 1974)이 제안한 협력 학습의 교수·학습 전략을 생각해 보자. 이 접근법의 간단한 원칙은 학생들이 함께 일할 때 더 잘 배운다는 것이다. 이론가들은 학습자들이 협력적으로 일할 때 그들은 더 효율적이고, 이해력이 향상되며, 그들의 학습 경험에 대해 더 긍정적으로 느낀다고 믿는다. 성공이 성취되는 이유는 학습의 경쟁적 요소가 집단적 응집력으로 대체되기 때문인데, 그 응집력은 모든 사람들을 위한 학습을 향상시키기 위해 학생들이 주고받을 수 있는 곳에서 일어난다. 효과적인 협력 학습은 네 가지 핵심 원칙을 포함한다.

1. 긍정적 상호의존성(모두가 집단의 일부로서 소중하다고 느끼는 경우)

2. 개인의 책임(각 학습자가 무언가 기여해야 하는 경우)

3. 과제와 과정 평가(개인 및 집단이 그들의 일과 상호작용을 평가하는 경우)

4. 협력 학습 능력(명확한 의사소통과 같은 일반적인 기술 그리고 리더, 노트 작성자 등과 같은 특정 기술을 이해하는 경우)

동료와 함께 또는 집단으로 협력적으로 배움으로써, 학습자들이 공동 목표를 달성하기 위해 함께 일하는 경우에 공유를 중재하는 포이에르스타인의 관점과 잘 연결된다.

만약 당신이 사과를 가지고 있고, 나도 사과를 가지고 있고 우리가 사과를 교환한다면 당신과 나는 각각 하나의 사과를 가질 것이다. 하지만 만약 여러분이 아이디어를 가지고 있고, 우리가 이 아이디어를 교환한다면, 우리 각자는 두 가지 아이디어를 갖게 될 겁니다.

– 조지 버나드 쇼

배움은 협력적 맥락 안에서 대인관계를 통해 일어나는 사회적 과정이다. 함께 일하면서 개인은 공유된 이해와 지식을 구축한다.

– 데이비드 존슨

작업 페이지

당신이 학습에 대해 어떻게 이해하고 있는지 생각해 보시오. 당신은 어떤 다른 아이디어, 접근법, 이론 또는 실습들을 포이에르스타인의 공유 중재 개념에 연결할 수 있는가?

_____

_____

_____

_____

_____

_____

_____

_____

_____

_____

_____

_____

_____

_____

_____

_____

_____

_____

_____

_____

_____

_____

_____

_____

_____

작업 페이지

종종 학급 프로젝트는 2인 또는 집단으로 구성된다. 불행하게도, 더 지배적이고, 강압적이고, 양심적인 구성원들은 다른 구성원들을 배제하는 경향이 있다.

위의 삽화와 관련하여 다음 질문에 답해 보시오.

1. 위 시나리오에서는 왜 공유가 일어나지 않았는가?

_____

_____

_____

2. 위의 사례에서 친구들은 어떻게 공유 행동 중재를 할 수 있을 것인가?

_____

_____

_____

3. 집단 활동을 위해 공유 행동을 어떻게 중재해야 할 것인가?

_____

_____

_____

작업 페이지

참 혹은 거짓

맞는 문장에 **T**를 쓰고, 틀린 문장에 **F**를 쓰시오.

1. 아이들의 장난감을 치우는 엄마는 공유 행동을 보여 주고 있다. _____
2. 공유 중재가 부족하면 우정이 형성되지 못할 수도 있다. _____

정의하기

자신의 말로 공유를 정의하시오.

_____

_____

_____

_____

수정하기

다음 문장을 공유 중재를 향상시킬 수 있는 것으로 대체하시오.

'너의 프로젝트를 스스로 끝내라!'

_____

_____

_____

_____

생각하기

학급 순위를 게시하고 상을 수여함으로써 경쟁을 장려하는 것은 경쟁 사회에서의 삶에 학생들을 준비시킨다. 공유 행동을 중재하는 것은 경쟁을 경시하고, 오늘날의 개인주의적 세계에서 학생들이 대처하는 데 도움이 되지 않는다. 당신은 어떻게 생각하는가?

_____

_____

_____

_____

제8장

개별화

개별화(individuation)는 중재자가 학습자 안에서 독특함과 차별화 감각을 기를 때 일어난다. 개별화 중재는 타인으로부터 자율성과 독립성을 격려하고 사람들의 다양성을 축하한다.

설명

개별화는 지문에 비유할 수 있는데, 지문은 개인마다 독특하고 다르다. 어떤 것에 독립적이고 독창적인 표시를 하는 것은 지문을 남기는 것과 같다.

개별화 중재는 중재학습경험의 일곱 번째 퍼즐 조각이다. 그것은 개인의 자율성과 독특한 인격 발달을 기르는 것과 관련이 있다. 중재자는 과거의 경험, 개인 능력, 행동 스타일, 동기, 감정, 그리고 다른 특징으로 인한 사람들 사이의 차이를 인정하고 또한 학습자가 자신의 잠재력에 도달할 수 있도록 장려한다.

통제권을 쥐고 스스로 책임을 지는 아이의 능력을 믿지 않는 부모, 교사, 보호자들은 그 아이의 개별화와 자기표현을 억누를 것이다. 이러한 개별화에 대한 억압은 홉슨과 스컬리(Hopson & Scally, 1981)가 말하는 '핀볼 생활(pinball living)'을 초래할 수 있는데, 자신의 생명을 책임질 능력이 없는 사람들은 생명이 없는 핀볼 기계의 공처럼 된다. 그들은 다른 사람에 의해 움직이게 되어 아무 것도 없이 한 장소에서 다른 곳으로 분명한 방향 없이 튕겨지고, 때로는 심지어 커다란 점수를 얻기도 하지만, 누군가 다시 시작하게 될 때까지 망각 속으로 빠져들게 된다(Hopson & Scally, 1981, p. 52).

핀볼 생활의 반대말은 자기 주도적인 삶으로, 이는 개별화 중재를 통해서 일어난다.

교실에서

교육자 벨 월러스와 하비 애덤스(Belle Wallace & Harvey Adams, 1993)는 두 가지 반대되는 교육 접근법을 설명한다. 개별화를 억압한다고 그들이 믿는 첫 번째 유형은 아무 활력이 없는 교육 과정이다. 이런 종류의 교실에서는 교사가 지배한다.

- 가르침은 내용 기반이며 사실에 대한 암기식 회상이 요구된다.
- 학생들은 수동적이고 순응적이며 통제권이 외부에 있다(예: 외부 동기부여 필요).

가르침에 반대되는 접근법은 개별화를 향상시키고, 월러스와 애덤스는 권한을 부여해 주는 교육 과정이라고 부른다. 이런 종류의 교실에서는 다음과 같은 특징이 보인다.

- 배움은 학생 중심이다.
- 가르침은 과정 기반이며 자율적인 학습자를 장려한다.
- 학생들은 학습에 대한 책임을 지고 통제권이 내부에 있다(예: 자율적).

교실에서 개별화는 학생들의 능력과 기질에 대한 개인적인 차이를 충족시키기 위해 교사의 접근법과 목표가 다양해져야 한다.

집에서

개별화를 중재함으로써 부모는 아이가 매일의 활동에 대해 통제와 책임을 지도록 격려한다. 예를 들어, 부모들은 아이가 자신의 애완동물을 돌볼 수 있도록 믿음으로써 자율성을 장려한다. 아이의 취미에 관심을 보이는 부모는 그 아이의 독특한 개성을 키우는 데 도움을 줄 것이다.

기억하기

중재학습경험 퍼즐의 다양한 조각들은 서로 균형을 맞추고 보완하기 위해 역동적으로 작용한다. 자율성과 독립성을 촉진하는 개별화 중재는 협력과 상호의존성을 촉진하는 공유 중재에 의해 균형을 맞춘다(7장 참조).

> 자신의 개성을 최대한 살리는 방법을 아는 것이 절대적인 완벽함이다.
>
> — 미셸 드 몽테뉴

적용	
예제들	개별화 중재를 길러 주는 활동들
〈교실에서〉 교사는 독창적인 답변을 수용한다. "그거 흥미로운 답변이구나. 어떻게 그것을 얻게 되었는지 말해 줄래?"	• 교사는 발산적인 답변을 수용하며 독립적이고 독창적인 사고를 장려한다. • 교사는 학생들의 행동에 대한 책임을 지고 그들에게 책임감 있는 과제를 내준다. • 교사는 학생들이 일부 수업 활동을 선택하게 하고 자유 시간을 이용해 다양성을 장려한다. • 교사는 다문화주의와 이념적, 종교적 차이의 긍정적인 측면을 강화한다. • 교사는 자신의 가치와 신념으로 완전한 복종과 완전한 확인을 요구하는 것을 자제한다.
〈집에서〉 부모는 개별적 재능을 칭찬한다. "메리, 넌 동물과 아주 잘 어울리는구나. 네가 수의사가 되기로 결정해서 기뻐."	• 부모는 아이가 서로 다른 권리, 즉 '자유로운 나를 위한' 접근법을 존중한다. • 부모는 아이가 자신의 행동에 대해 어느 정도 통제권을 행사할 것을 권장하여, 아이가 자신의 성격을 개발할 수 있도록 한다. • 부모는 아이의 흥미와 능력이 펼쳐지는 것을 인정하고 즐긴다. • 가족들은 서로의 사생활 권리를 존중한다.
〈상담/지역사회 상황에서〉 지역사회 활동가는 협력을 장려한다. "우리의 다른 가치들이 이 문제에 대한 인식에 어떤 영향을 미치는지 살펴봅시다."	• 지역사회 활동가는 집단의 이질적 성질을 명확히 하고 이것을 가치 있는 자원으로 축하한다. • 치료사는 부모들에게 가족 내의 개인들 사이의 경계를 발달시키도록 장려한다. • 상담사는 고객이 자신을 가치 있고, 유능하지만 독특한 존재로 인식하도록 돕는다. • 치료사는 고객의 세계관에 대한 해석에 기반을 둔다. • 지역사회 활동가는 자신의 전문성이나 이해관계에 관련된 분야에서 집단에 속한 개인에 의한 자치를 장려한다.

연결하기

　개별화 중재는 교육 관계자들이 개발한 아이디어와 접근에 연결될 수 있다. 교수와 학습은 개별화 중재로 향상된다는 포이에르스타인의 생각을 지지하고 보완하는 교육자, 심리학자, 이론가들의 다음과 같은 아이디어들을 생각해 보라.

> **개별화 중재와 연결되는 다음 관점들을 생각해 보라.**
>
> 교육의 주된 목표는 새로운 일을 할 수 있는 능력을 가진 사람들을 창조하는 것이며, 단순히 다른 세대들이 한 일을 반복하는 것이 아니라 창의적이고 독창적인 발견을 하는 사람을 창조하는 것이다.
>
> — 장 피아제
>
> 사람마다 세상에 대한 지도는 지문만큼 독특하다. 그 어떤 사람도 똑같지 않다…… 그 어떤 사람도 같은 문장을 같은 방법으로 이해하지 않는다…… 그래서 사람들을 대함에 있어서 그들이 어떤 사람이 되어야 하는지에 대한 당신의 개념에 그들을 맞추지 않도록 노력하라.
>
> — 밀턴 에릭슨

생각해 보기

　차별화된 가르침이라고 하는 교수법을 생각해 보자. 톰린슨(Tomlinson, 2001) 등 교육학자들이 제안한 이 교수 방식은 '어떤 학생도 똑같지 않다'는 신념에 따른 것이다. 이 접근법에서는 모든 학생이 서로 다른 능력과 흥미를 가지고 있는 것으로 보이기 때문에, 교육에 대한 '획일주의' 접근법은 효과가 없다. 차별화된 가르침의 핵심은 유연성이다. 즉, 서로 다른 학습 목표, 정보에 접근하는 다른 방법, 그리고 특정한 개별 학습자에 따라 다양한 수준의 복잡성에서 서로 다른 학습 방법을 허용하는 것이다. 전형적인 '전통' 스타일의 교실과 '차별화된' 교실을 대조하는 것은 이 개념을 설명하는 홍미로운 방법이다. 전통적인 교실에는 일반적으로 교사가 시작하고 지도하는 전체 수업의 지침이 있다. 일반적으로 '누가 그것을 얻었는가'를 평가하는 것을 목적으로 한 단일 텍스트와 할당 옵션이 있다. 이와는 대조적으로, 차별화된 교실에서는 학생들의 차이는 평가되고, 다양한 자료를 이용한 집단 작업, 또래 학습, 그리고 개별적인 문제 기반 학습과 같은 다중 교육적 접근법의 기초로서 이용된다. 평가는 보다 형성적이고 진행적이며, 개별적인 학습 프로파일이 만들어진다. 이 접근법에서는 교사가 각각의 다른 학습자의 개별적인 평가에 따라 교수 방식을 조절하기 때문에 교사와 평가는 불가분의 관계에 있다. 이러한 가르침에 대한 관점은 각 개별 학습자의 독특함이 인정되고 축하받는 개별화를 중재하는 포이에르스타인의 관점을 보완하는 것 같다.

> 당신은 당신의 방식이 있고, 나는 내 방식이 있다. 옳은 방식, 올바른 방식, 유일한 방식 같은 것은 존재하지 않는다.
>
> – 프리드리히 니체
>
> 나는 네가 아니고 너는 내가 아니다. 네 손은 내 것이 아니고, 내 손은 네 것이 아니다. 그리고 너는 나 같은 일을 할 수 없고 나는 너 같은 일을 할 수 없어. 그리고 이것이 마지막이다.
>
> – 타마르(4) 할머니께
> 〈Feuerstein, Rand, & Rynders, 1988, p. 78에서 인용〉

작업 페이지

당신이 학습에 대해 어떻게 이해하고 있는지 생각해 보시오. 당신은 어떤 다른 아이디어, 접근법, 이론 또는 실습들을 포이에르스타인의 개별화 중재 개념에 연결할 수 있는가?

_____

_____

_____

_____

_____

_____

_____

_____

_____

_____

_____

_____

_____

_____

_____

_____

_____

_____

_____

_____

_____

_____

작업 페이지

불행하게도, 우리가 학교에서 공부하는 많은 문학 작품은 작가들과 전문가들에 의해 정해진 해석을 가지고 있다.

앞의 삽화와 관련하여 다음 질문에 답하시오.

1. 앞 시나리오와 연결지어 여러분이 경험했던 사례에 대해 생각해 보시오.

_____

_____

_____

2. 교사의 개별화 중재에 대해 논평해 보시오.

_____

_____

_____

3. 개별화 중재는 아이들이 결정에 대한 책임을 지고 스스로 능력을 갖도록 허용하는 것을 포함한다. 이 점에 대해 타이코는 어느 정도로, 어떤 방식으로 대응하고 있는가?

_____

_____

_____

작업 페이지

참 혹은 거짓

맞는 문장에 **T**를 쓰고, 틀린 문장에 **F**를 쓰시오.

1. 개인 간의 차이를 인정하는 것은 개별화를 중재하는 것이다. ＿＿＿＿

2. 권위에 대한 의심 없는 복종은 개별화와 양립할 수 있다. ＿＿＿＿

정의하기

자신의 말로 개별화를 정의하시오.

＿＿＿＿＿＿＿＿＿＿＿＿＿＿＿＿＿＿＿＿＿＿＿＿＿＿＿＿＿＿＿＿＿＿

＿＿＿＿＿＿＿＿＿＿＿＿＿＿＿＿＿＿＿＿＿＿＿＿＿＿＿＿＿＿＿＿＿＿

＿＿＿＿＿＿＿＿＿＿＿＿＿＿＿＿＿＿＿＿＿＿＿＿＿＿＿＿＿＿＿＿＿＿

＿＿＿＿＿＿＿＿＿＿＿＿＿＿＿＿＿＿＿＿＿＿＿＿＿＿＿＿＿＿＿＿＿＿

수정하기

다음 문장을 개별화 중재를 향상시킬 수 있는 것으로 대체하시오.

"네가 가업을 이어 갈 나이가 되면 아빠는 매우 자랑스러워하실 거야."

＿＿＿＿＿＿＿＿＿＿＿＿＿＿＿＿＿＿＿＿＿＿＿＿＿＿＿＿＿＿＿＿＿＿

＿＿＿＿＿＿＿＿＿＿＿＿＿＿＿＿＿＿＿＿＿＿＿＿＿＿＿＿＿＿＿＿＿＿

＿＿＿＿＿＿＿＿＿＿＿＿＿＿＿＿＿＿＿＿＿＿＿＿＿＿＿＿＿＿＿＿＿＿

＿＿＿＿＿＿＿＿＿＿＿＿＿＿＿＿＿＿＿＿＿＿＿＿＿＿＿＿＿＿＿＿＿＿

생각하기

개별화를 중재하는 것은 이기심과 자기중심적 행동을 초래하며 탐욕과 권력 추구 행동의 길을 열 수 있으며, 협력은 민주적, 집단적 가치와 함께 개별화와 양립할 수 없다. 이에 대해 어떻게 생각하는가?

＿＿＿＿＿＿＿＿＿＿＿＿＿＿＿＿＿＿＿＿＿＿＿＿＿＿＿＿＿＿＿＿＿＿

＿＿＿＿＿＿＿＿＿＿＿＿＿＿＿＿＿＿＿＿＿＿＿＿＿＿＿＿＿＿＿＿＿＿

＿＿＿＿＿＿＿＿＿＿＿＿＿＿＿＿＿＿＿＿＿＿＿＿＿＿＿＿＿＿＿＿＿＿

제9장

목표 계획

목 표 계획(goal planning) 중재는 중재자가 과정을 분명하게 함으로써 목표를 설정하고, 계획하고, 달성하는 데 관련된 과정을 학습자에게 안내하고 지시할 때 일어난다.

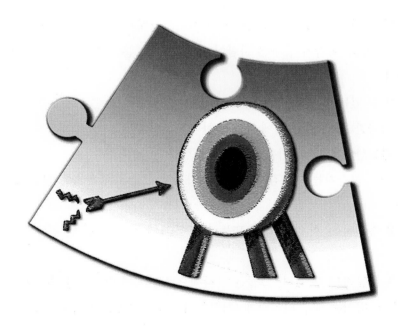

설명

목표 계획은 당신의 시야를 목표에 놓고, 목표를 달성하기 위한 전략을 개발하여 과녁을 맞히는 것과 연결시킬 수 있다.

목표 계획 중재는 중재학습경험 퍼즐의 여덟 번째 조각이다. 그것은 학습자가 목표를 설정하고 목표를 달성하기 위한 명확한 방법을 토론하도록 촉진하고 지도하는 것이다. 목표 지향적 행동에서 과정을 정교화하는 것은 과제를 완수하는 것만큼 중요하다. 학습자는 목표를 설정하고, 추구하고, 도달하는 데 있어서 주도권을 가진다.

효과적인 목표는 다음과 같아야 한다.

- 상상할 수 있는: 학습자는 목표를 개념화하고 이해하고 식별할 수 있어야 한다.
- 믿을 수 있는: 학습자가 다른 사람이 성취한 것을 본 적이 없다면 목표를 믿기가 어렵다.
- 성취할 수 있는: 학생이 인지할 수 있는 것이어야 한다.
- 달성 가능한: 능력 범위 내에 있어야 한다.
- 수정 가능한: 관찰하고 적응이 가능해야 한다.
- 바람직한: 학습자는 의무감을 느끼기보다는 목표를 수행하기를 진심으로 원해야 한다.
- 성장을 촉진하는: 학습자, 타인 또는 사회에 파괴적이어서는 안 된다.

아이들은 충동적일 수 있다. 그들은 즉각적으로 만족하려는 강한 욕구를 가지고 있다. 이 욕구의 범위는 매우 다양하게 나타나 지나치게 방종한 아이부터 그러한 기회를 박탈당한 아이에 이르기까지 범위가 넓다.

욕구가 즉시 충족되는 응석받이 아이는 만족감을 늦추는 법을 배우지 못하고 장기적인 목표 계획에 참여한다. 생존에 대한 기본적인 욕구를 충족시키기 위해 '지금 여기'에 살아야 하는 노숙자 아이와 같이 기회를 박탈당한 빈곤한 아이는 장기적인 계획을 위한 기술을 개발할 기회가 없다.

이러한 시나리오 중 어느 한 가지 상황에서 아이를 마주할 때, 상담사는 아이가 만족을 지연시킬 수 있는 능력을 개발하고, 관련된 과정을 이해함으로써 목표를 달성하는 데 더 많은 통제력을 느낄 수 있도록 도와야 한다. 이것은 더 큰 자신감, 공감, 자율성과 더 긍정적이고, 자원이 충만하며, 독립적인 학습으로 이어질 것이다.

주의하기

목표 계획과 성취의 다섯 가지 측면은 다음과 같다.

1. 현실적이고 상황에 맞는 목표 설정하기
2. 그 목표를 달성할 수 있는 방법을 계획하기
3. 목표를 달성하기 위한 조치를 실행하기
4. 목표 달성 과정을 평가하고 검토하기
5. 필요에 따라 목표를 수정하고 조정하기

기억하기

목표 계획을 중재하는 것은 중재학습경험 퍼즐의 다른 기준과 불가분의 관계가 있다. 예를 들면, 다음과 같다.

- 유능감: 목표를 달성하는 것은 긍정적인 자아개념을 낳는다(5장 참조).
- 자기 규제와 행동 통제: 행동을 관찰하는 것은 목표 달성을 촉진시킨다(6장 참조).

- 개별화: 목표를 설정하는 것은 자율성과 고유성을 촉진시킨다(8장 참조).

- 도전: 목표 달성의 흥분은 도전감을 강화한다(10장 참조).

- 자기변화: 목표 달성을 인식하는 것은 자기변화에 대한 이해를 발전시킨다(11장 참조).

- 낙관적 대안 탐색: 긍정적이고 바람직한 결과를 내는 목표를 계획한다(12장 참조).

더 나아가야 할 곳이 있다.

– 주역 28, 32

적용	
예제들	목표 계획 중재를 길러 주는 활동들
〈교실에서〉 교사는 의사결정을 지원한다. "너는 지금 올바른 과목 선택을 통해 장기 경력 목표를 달성하기 위한 전략을 명확히 하고 수립할 필요가 있어."	• 교사는 각 수업과 일반적인 학습에 대해 명확한 목표를 정하여 목표 지향적인 행동을 모델화한다. • 교사는 현실적인 목표를 정하기 위해 학생들의 요구를 장려한다. • 교사는 끈기와 인내, 근면함을 장려하여 목표를 추구하도록 한다. • 교사는 변화하는 요구와 환경에 따라 학생들의 계획, 검토, 수정 능력을 개발한다. • 교사는 학생들에게 그들의 미래에 대한 자율적인 태도를 장려한다. • 교사는 학생들의 목표 설정을 도울 때 학생들의 관심과 자기인식을 고려한다.
〈집에서〉 보호자는 전략을 이끌어 낸다. "휴먼소사이어티 재단에 기부하기 위해 50달러를 모금할 수 있는 방법을 계획하자."	• 부모는 계획 활동에서 아이의 도움을 이끌어 낸다. • 보호자는 아이가 원하는 결과가 나올 때까지 과제를 끈기 있게 수행하도록 격려한다. • 아버지는 아이가 장기 프로젝트를 보다 작은 부분과 체계적인 단계로 분해하는 것을 돕는다. • 부모는 아이가 실패에 직면했을 때 재평가하고 보다 적절하고 현실적인 목표를 설정하도록 돕는다.
〈상담/지역사회 상황에서〉 지역사회 활동가는 재평가를 격려한다. "이 프로젝트 단계에서, 우리의 진행 상황을 검토하고 우리의 목표를 재정립할 필요가 있는지 봅시다."	• 지역사회 활동가는 목표의 명확화, 달성 방법 및 가능한 결과와 같은 집단의 실천 계획을 이끌어 낸다. • 지역사회 활동가는 개인이 당면한 문제를 해결하기 위해 목표를 수정하고 우선순위를 정하도록 돕는다. • 치료사는 고객이 프로젝트를 지속하고 끝까지 수행하도록 장려한다. • 상담사는 장기적인 목표를 향한 작은 진보를 보상한다.

연결하기

목표 계획 중재는 교육 관계자들이 개발한 아이디어와 접근에 연결될 수 있다. 교수와 학습은 목표 계획 중재로 향상된다는 포이에르스타인의 생각을 지지하고 보완하는 교육자, 심리학자, 이론가들의 다음과 같은 아이디어들을 생각해 보라.

> **목표 계획 중재와 연결되는 다음 관점들을 생각해 보라.**
>
> 인간에게서 모든 것을 빼앗을 수 있지만, 주어진 상황에서 자신의 태도를 선택하고, 자신의 길을 선택하는 것만은 빼앗을 수 없다.
>
> – 빅터 프랭클
>
> 가파른 언덕을 오르려면 처음에는 느린 걸음걸이가 필요하다.
>
> – 윌리엄 셰익스피어
>
> 만약 네가 어디로 가는지 모른다면, 어떤 길이든 너를 그곳에 데려다줄 것이다.
>
> – 루이스 캐럴

생각해 보기

목표 지향적 행동의 개념에 대해 학문적 영역과 사업적 영역 모두에서 많은 연구가 이루어지고 있다. 공부에 심각한 문제가 있는 대학생들을 선발한 헤이스와 그의 동료들(Hayes et al., 1985)이 한 일을 생각해 보라. 대학생들은 연구자들에게 그들이 명확하게 여기는 구체적인 연구 목표 설정법을 배웠다. 그 결과, 이 학생들은 시험에서 스스로 공부한 학생들보다 훨씬 더 좋은 성적을 거두었다. 모건(Morgan, 1985)이 실시한 또 다른 연구에서는 목표 기획, 자기 기록, 자기 평가를 통합했다. 그는 각 연구 단위에 대해 특정한 단기 목표를 설정함으로써 그의 교육심리학 학생들에게 이러한 기술을 가르쳤고 그 목표를 향한 그들의 발달을 관찰했다. 이 학생들은 단순히 공부 시간을 관찰했던 학생들보다 더 높은 성적을 거두었다.

　따라서 목표 설정 단계는 자기 관리에 있어서 매우 중요하다. 이런 생각은 어린이들에게 목표 계획 행동을 중재할 필요성을 강조하는 포이에르스타인의 연구에서 그대로 나타난다.

> 만약 당신이 할 수 있는 것보다 덜한 어떤 것이 되려고 계획한다면, 당신은 아마도 평생 불행해질 것이다.
>
> 사람이란 얼마나 대단한가, 반드시 그럴 것이다. 이 욕구를 우리는 자기실현이라고 부른다.
>
> 　　　　　　　　　　　　　　　　　　　　　　　　　　- 에이브러햄 매슬로

작업 페이지

당신이 학습에 대해 어떻게 이해하고 있는지 생각해 보시오. 당신은 어떤 다른 아이디어, 접근법, 이론 또는 실습들을 포이에르스타인의 목표 계획 중재 개념과 연결할 수 있는가?

_____

_____

_____

_____

_____

_____

_____

_____

_____

_____

_____

_____

_____

_____

_____

_____

_____

_____

_____

_____

_____

_____

_____

작업 페이지

우리는 종종 아이들이 목표를 세우는 행동을 하도록 격려할 기회를 놓친다. 우리는 문제를 처리할 때 즉각적인 만족과 편의성을 선호하는 경향이 있다.

앞의 삽화와 관련하여 다음 질문에 답하시오.

1. 아버지가 페드로에게 중재하고 있는 단기 그리고 장기 목표는 무엇인가?

_____

_____

2. 효율적인 목표 계획 중재는 목표가 현실적이며 적절할 때 일어난다. 아버지는 어떻게 페드로를 중재할 수 있을 것인가?

_____

_____

3. 아이들이 목표 계획 행동을 통해 그들의 필요를 충족하도록 격려할 수 있는 방법에 대해 이야기해 보시오.

_____

_____

작업 페이지

참 혹은 거짓

맞는 문장에 **T**를 쓰고, 틀린 문장에 **F**를 쓰시오.

1. 시간에 대한 개념이 부족하면 효과적인 목표 계획을 방해한다. _____
2. 만일 계획이 수정되면 목표가 달성되지 않는다. _____

정의하기

자신의 말로 목표 계획 중재를 정의하시오.

_____

_____

_____

_____

수정하기

다음 문장을 목표 계획 중재를 향상시킬 수 있는 것으로 대체하시오.

"당신의 경력 평가의 결과를 보면, 나는 당신이 공학 분야의 직업에 가장 적합하다고 생각한다."

_____

_____

_____

_____

생각하기

미래에 대한 일관된 계획은 학생들이 현재를 진정으로 경험하는 것을 막는다. 목표 계획 중재는 시간, 마감일, 수행 결과에 대한 압박감을 유발하며, 이 모든 것은 학생의 자발성을 억제시키게 된다. 이에 대해 어떻게 생각하는가?

_____

_____

_____

_____

제10장

도전

도전(challenge) 중재는 중재자가 학습자에게 새롭고 복잡한 과제에 대처하기 위한 결단력과 열정의 감정을 주입할 때 일어난다. 성공에 도달하기 위해 필요한 단계를 확인함으로써 더 많은 도전에 직면할 수 있는 동기를 제공한다.

설명

도전 중재는 새롭고 이상한 영역을 탐구하는 것과 연결시킬 수 있다. 마치 산을 오르는 것과 같이, 그것은 인내하는 의지가 필요하다. 탐험가가 경험하는 감정의 봉우리들은 성공의 흥분이다.

도전 중재는 중재학습경험 퍼즐의 아홉 번째 조각이다. 그것은 새로운 것을 시도하려는 동기부여와 어려운 것을 인내하려는 의지를 학습자에게 환기시켜 준다. 끊임없이 빠르게 변화하는 세상에서, 신기함과 복잡함이 표준이 되고, 도전 중재는 학습자가 이러한 변화를 마스터할 수 있도록 준비하는 데 도움을 준다. 그것은 알려지지 않은 것에 대한 두려움과 어렵거나 특이한 것에 대한 저항 모두를 극복하도록 해 준다. 도전 중재는 여러 가지 방법으로 성취될 수 있다.

- 중재자는 새롭고 어려운 상황에 직면했을 때 개방적이고 열정적 태도를 보여 줄 수 있다.
- 중재자는 학습자가 새롭고 복잡한 과제에 직면할 수 있는 기회를 만들 수 있다.
- 중재자는 새로운 과제에 직면할 때 창의성, 호기심, 독창성을 장려할 수 있다.
- 중재자는 성공을 보상하고 학습자의 만족과 열정을 성찰하게 할 수 있다.
- 중재자는 서로 다른 과제와 상황에 대한 합리적이고 적절한 위험 부담을 격려할 수 있다.

교실에서

성적에 대한 지나친 강조는 과제 성공의 본질적인 가치를 제거하는 부정적인 영향을 미칠 수 있다. 그 결과, 학생은 외적인 고려에 의해서만 자극을 받게 된다. 또한 실패에 대한 두려움은 새로운 과제를 맡거나 새롭고 다른 접근 방식을 시도하려는 노력을 억제한다. 교사는 익숙하지 않은 과제에 대해 연습할 수 있게 하고, 복잡한 활동을 더 작고 더 다루기 쉬운 부분으로 나누도록 함으로써 두려움을 줄이고 도전할 수 있도록 중재할 수 있다. 또한 산출물에 대한 강조를 줄이고 그 산출물을 얻는 과정에 더 많은 강조를 둠으로써 참신한 방법들을 시도할 때 발생하는 초기 실패 위험을 격려할 수 있다.

집에서

우리는 모두 내재된 도전 욕망을 가지고 태어난다. 아이들이 나이프와 포크를 조작하거나 신발을 묶는 것은 스스로 이런 일을 하고 싶기 때문이다. 아이를 위해 '어려운' 일에 간섭하는 부모는 결국 복잡한 과제를 성공적으로 완수하는 데 필요한 연습을 부정하는 것이다.

기억하기

중재학습경험 퍼즐의 다양한 기준들은 모두 관련되어 있다. 이 경우 도전 중재와 의미 중재 사이에 역동적인 긴장감이 존재한다. 의미 중재에서는 전통적인 가치의 보전이 강조되지만(3장 참조), 도전 중재에서는 새로운 것에 대한 노력이 강조된다.

> 새로운 것은 배워야 하고 복잡한 것은 숙달되어야 한다.
> – 루벤 포이에르스타인

적용	
예제들	도전 중재를 길러 주는 활동들
〈교실에서〉 교사는 어려운 문제에 대한 불안을 줄여 준다. "이것은 어려운 예제들이야. 우리가 얼마나 많은 것들을 해결할 수 있는지 알아보자."	• 교사는 학생들이 그들의 유능감에 따라 도전적이고, 참신하고, 복잡한 상황을 이용할 수 있도록 한다. • 교사는 지적 호기심, 독창성, 창의성을 장려하고 비판적이지 않는 분위기에서 학생들에게 색다른 과제를 제시한다. • 교사는 도전적이고, 참신하고, 복잡한 상황에 맞닥뜨리고, 장애물을 극복하는 데 뛰어난 사람들의 예를 인용한다. • 교사는 전체 결과가 만족스럽지 않더라도 과제 수행의 긍정적인 측면에 초점을 맞춤으로써 학생들이 새롭고 복잡한 상황에 대처할 수 있는 능력이 커지고 있음을 깨닫게 한다.
〈집에서〉 부모는 격려를 한다. "큰 미끄럼틀을 타 봐. 정말 재미있을 거야."	• 부모는 아이의 호기심을 자극해 새로운 영역을 개척하도록 초대한다. • 부모는 아이들이 새로운 성장 분야에서 도전할 때 아이들을 위해서 모범적인 역할을 수행한다. • 보호자는 미지의 상황에서 아이를 보호하기보다 오히려 새롭고 다른 상황에 직면했을 때 열정과 기대를 보여 준다. • 부모는 아이의 현재 발달 수준을 넘어 성장을 자극하기 위한 활동을 선택할 수 있도록 한다. • 부모는 아이를 위해서 대신하는 것보다 아이가 어려운 활동에서 고군분투하는 경험을 하도록 격려한다.
〈상담/지역사회 상황에서〉 지역사회 활동가는 성공을 위한 과정을 명확히 해 준다. "이 새롭고 힘든 프로젝트는 인내와 진취성을 필요로 할 것입니다."	• 상담사는 과제를 성장의 기회로 보도록 도와 복잡한 상황을 두려움 없이 처리할 수 있도록 고객의 자신감을 키운다. • 치료사는 고객이 이전에 피했던 상황에 맞닥뜨려 결국 숙달하도록 장려한다. • 지역사회 활동가는 새롭게 변화하는 환경에 직면할 때 긍정적인 기대감을 보여 준다. • 치료사는 실험을 용이하게 하는 비판단적이며 지원적인 분위기를 제공한다.

연결하기

　도전 중재는 교육 관계자들이 개발한 아이디어와 접근에 연결될 수 있다. 도전 중재는 교수와 학습으로 향상된다는 포이에르스타인의 생각을 지지하고 보완하는 교육자, 심리학자, 이론가들의 다음과 같은 아이디어들을 생각해 보라.

> **도전 중재와 연결되는 다음과 같은 견해에 대해 성찰해 보라.**
>
> 인간의 궁극적인 척도는 편안함과 편리함의 순간에 서 있는 것이 아니라 도전과 논쟁의 시기에 서 있는 것이다.
>
> 　　　　　　　　　　　　　　　　　　　　　　　　　　　　- 마틴 루터 킹 주니어
>
> 잔잔한 바다는 능숙한 선원을 만들지 않는다.
>
> 　　　　　　　　　　　　　　　　　　　　　　　　　　　　　- 아프리카의 격언
>
> 매력이 없는 것은 무엇이든 불가능으로 남아 있다.
>
> 　　　　　　　　　　　　　　　　　　　　　　　　　　　　　　　　- 미상
>
> 창의성에 관한 우리의 과제는 아이들이 가능한 한 높은 산을 오르는 것을 돕는 것이다.
>
> 　　　　　　　　　　　　　　　　　　　　　　　　　　　　　- 로리스 말라구치
>
> 불가능한 것은 종종 시도되지 않는 것이다.
>
> 　　　　　　　　　　　　　　　　　　　　　　　　　　　　　　　- 짐 굿윈

생각해 보기

　특수교육의 현재 관행은 주류 교실 안의 모든 아이들을 포함하는 쪽으로 옮겨 가고 있다. 이러한 포함 관행은 학습 장애를 가진 사람들에게 도전하는 철학을 갖게 한다. 1975년 이래로 미국의 법은 최소 제한 환경(Least Restrictive Environment)에 유리하게 판결을 내렸다. 능력별로 학급편성을 결코 하지 않는 것(neverstreaming)은 모든 학

생이 학습경험 수준을 확장하는 데 도전을 계속하도록 하기 위해 슬래빈(Slavin, 1991)이 개발한 개념이다. 사회적·학문적으로 모두 도전적인 환경을 제공하는 것이 단지 현상 유지에 적응하는 '하향평준화(dumbing down)' 증후군보다 바람직하다. 정규 교실 안에 있는 모든 학생들을 포함시키는 것은 학습자뿐만 아니라 교사와 동료 학급 친구들에게 학습자가 성취할 수 있도록 지원하는 것을 도전하게 한다. 포이에르스타인의 용어로 말하면, 포함은 학습자의 차이를 수용하고 정규 교실에서 학습에 대한 두려움과 장벽을 극복하도록 돕기 위해 학습자와 관련된 모든 것에 도전을 하게 만든다.

나는 그녀가 이미 알고 있는 어떤 것도 그녀에게 가르쳐 주지 않을 것이다. 나는 그녀가 모르는 것만 가르쳐 줄 것이며, 또한 그녀에게 그것들을 숙달하는 방법 역시 가르쳐 줄 것이다.

— 포이에르스타인, 란드, & 린더스, 1988, p. 82

작업 페이지

당신이 학습에 대해 어떻게 이해하고 있는지 생각해 보시오. 당신은 어떤 다른 아이디어, 접근법, 이론 또는 실습들을 포이에르스타인의 도전 중재 개념에 연결할 수 있는가?

작업 페이지

우리는 종종 아이들이 목표를 세우는 행동을 하도록 격려할 기회를 놓친다. 우리는 문제를 처리할 때 즉각적인 만족과 편의성을 선호하는 경향이 있다.

앞의 삽화와 관련하여 다음 질문에 답해 보시오.

1. 술라멘은 도전을 중재하고 있는가?

_____

_____

2. 미아의 반응은 도전하려는 그녀의 태도에 대해 무엇을 말해 주는가? 그녀가 왜 이런 태도를 가지고 있다고 생각하는가?

_____

_____

3. 술라멘은 그녀의 불안감에 대응하기 위해 어떻게 반응하는가? 그래서 효과적으로 도전을 중재할 수 있을까?

_____

_____

작업 페이지

참 혹은 거짓

맞는 문장에 **T**를 쓰고, 틀린 문장에 **F**를 쓰시오.

1. 도전 중재는 의미 중재를 통해 학습자에게 전달되는 가치와 태도를 지킬 필요성을 반박한다. _____

2. 과제를 간단하고 친숙한 단계로 분해하는 것은 도전을 중재한다. _____

정의하기

자신의 말로 도전 중재를 정의하시오.

_____

_____

_____

수정하기

다음 문장을 도전 중재를 향상시킬 수 있는 것으로 대체하시오.

"만일 당신이 믿는 것을 고수하지 않으면, 당신은 실망할 것이다."

_____

_____

_____

생각하기

도전을 중재하는 것은 아이들의 능력을 넘어서는 불필요한 탐험을 장려할 수 있다. 이것은 권할 만한 것이 되지 못한다. 여러분은 어떻게 생각하는가?

_____

_____

_____

제11장

자기변화

자기변화(self-change) 중재는 중재자가 변화에 대한 역동적 잠재력을 인식하고 그 중요성과 가치를 인식하도록 학습자를 격려할 때 일어난다.

설명

자기변화에 대한 인식은 자신의 발달을 도표에 표시하는 것과 같다. 전체적인 그림은 한 개인이 얼마나 많이 변했는지를 보여 준다. 그러나 그래프에서 변동에 대한 책임은 개인에게 있다.

자기변화에 대한 중재는 지속적인 개인적 변화를 위해 학습자가 책임을 갖도록 도와준다. 학습자가 독립적이고 자율적인 학습자가 된다면 이것은 반드시 일어나게 된다.

포이에르스타인은 인간은 변화에 대한 성향을 가지고 있다고 믿는다. 그것에 대해 알지도 못하고 책임지지 않을 수도 있지만 이것은 피할 수 없는 과정이다. 물론 일부 개인들은 이러한 변화에 저항하기도 한다. 그들에게는 자신들의 능력 수준에 도전을 받지 않는 공간으로서 '안전지대(comfort zone)'에 머무는 것이 더 쉽다.

본질적으로 자기변화에 대한 인식은 다음과 같다.

- 자기변화에 대한 인식: 자신 안에서 나오는 변화
- 성장 기대: 유능감 수준은 항상 변화하고 개선되는 것
- 변화 관찰: 발생하는 변화를 그리는 것
- 변화에 대한 환영과 수용: 변화하기를 기대하는 사람들

교실에서

꼬리표 붙이기를 중요하게 생각하지 않고, 학생의 능력 수준은 정적이거나 영구적

이지 않다고 생각하며, 학생들이 성장 표를 사용하도록 격려하는 교사는 자기변화를 인식하는 가치를 전달하고 있다.

집에서

아이들은 어렸을 때 부모와 조부모가 들려주는 이야기를 듣는 것을 좋아한다. 가족 사진첩, '육아 일기', 그리고 벽에 새겨진 성장 표 등은 아이들이 자신들의 성장과 변화에 민감하게 해 주는 항목들이다.

기억하기

중재학습경험 퍼즐의 모든 기준은 서로 연결되어 있다. 자기변화도 다음의 항목들과 연결되어 있다.

- 도전: 자기변화에 대한 인식을 통해 우리는 보다 복잡한 과제에 직면하는 것에 대한 알지 못하는 것과 열정적인 것에 대한 두려움을 줄일 수 있다(10장 참조).
- 유능감: 자기변화에 대한 인식은 자신을 실패자라고 부정적으로 낙인찍는 것을 막아 준다. 과제에 대한 실패는 반드시 영구적인 것은 아니다. 경험과 실천으로 실패는 성공으로 바뀐다. 성공은 절대적인 것이 아니라 이전의 성과에 상대적인 것이다(5장 참조).
- 목표 계획: 자기변화에 대한 인식은 미래를 생각하고 장단기 목표를 예측하고 계획하는 데 도움이 된다(9장 참조).

변화는 인간의 가장 안정된 특성이다.

– 루벤 포이에르스타인

적용	
예제들	자기변화 중재를 길러 주는 활동들
〈교실에서〉 교사는 자기변화에 대한 인식을 하게 한다. "너의 손글씨가 정말 좋아졌어. 이제 훨씬 더 잘 읽히네."	• 교사는 개인의 발달에 대한 자기평가를 격려한다. • 교사는 꼬리표 붙이기와 그에 따른 자기 충족적 예언(예: IQ 점수가 의미가 있다는 믿음)을 중요하게 생각하지 않는다. • 교사는 학생들이 자기변화를 관찰하도록 돕는다. • 교사는 변하는 것이 누군가를 다른 사람으로 만드는 것이 아니라는 것을 학생이 이해하도록 돕는다. • 교사는 학생들이 과정을 평가하는 내적 기준을 가지는 자율적인 학습자가 되도록 돕는다. • 교사는 학생들 간의 결과를 비교(예: 학급 순위)하지 않도록 한다.
〈집에서〉 부모는 변화의 혜택을 알려 준다. "이제 책임감이 커졌으니, 나중에 외박을 할 수 있겠구나."	• 보호자는 아이가 자신의 발전을 관찰하도록 돕는다(예: 성장표를 그려 보기). • 부모는 아이에게서 일어나는 변화를 수용하는 변화를 경험한다. • 부모는 아이에게 일어나는 변화에 대한 긍정적인 인식을 공유한다. • 보호자는 성숙의 혜택을 명확히 한다. • 부모는 아이가 학년 내내 기록된 카드에서 발전을 비교하도록 장려한다.
〈상담/지역사회 상황에서〉 치료사는 고객의 정적인 인식을 거부한다. "당신의 발전을 보니 설레는군요. 이것을 당신의 발달 기록표에 기록합시다."	• 상담사는 성장을 평가하는 방법을 보여 주어 고객이 자기 계발에 대한 욕구를 갖도록 한다. • 치료사는 상호작용 역기능 패턴을 바꾸는 가족의 능력에서 낙관적 감각을 중재한다. • 지역사회 활동가는 공동체 내에서 변화에 대한 저항을 극복할 수 있도록 집단을 지원한다. • 지역사회 활동가는 정적이고 고정된 문제 해석을 극복하기 위해 집단과 개인 구성원의 역동적인 특성에 집중한다.

연결하기

　자기변화 중재는 교육 관계자들이 개발한 아이디어와 접근에 연결될 수 있다. 교수와 학습은 자기변화 중재로 향상된다는 포이에르스타인의 생각을 지지하고 보완하는 교육자, 심리학자, 이론가들의 다음과 같은 아이디어들을 생각해 보라.

> **자기변화 중재와 연결되는 다음과 같은 견해에 대해 성찰해 보라.**
>
> 우리가 더 이상 상황을 바꿀 수 없을 때, 우리 자신을 변화시킬 수 있도록 도전해야 한다.
>
> － 빅터 프랭클
>
> 교육은 우리를 교육할 수 있게 하지 않는다. 우리를 교육적으로 만드는 것은 미완성인 것에 대한 우리의 인식이다.
>
> － 파울로 프레이리
>
> 교육받은 유일한 사람은 배우는 방법과 변화시키는 법을 배운 사람이다.
>
> － 칼 로저스
>
> 나는 어제로 돌아갈 수 없다. 왜냐하면 그때 나는 다른 사람이었기 때문이다.
>
> － 루이스 캐럴

생각해 보기

　로젠탈과 제이콥슨(Rosental & Jacobson, 1968)의 연구를 생각해 보라. 그들은 학습자에게 꼬리표를 붙이는 것이 학습자의 행동에 변화를 가져왔는지를 알기를 원했다. '교실 안의 피그말리온(Pygmalion)'이라 불리는 당대의 고전적인 연구에서 로젠탈과 제이콥슨은 한 학급 학생들에게 IQ 검사를 했다. 그리고 그들은 실제 점수와 관련 없이, 교실의 20%를 무작위로 선발했고 교사들에게 이 학생들 내년에 '엄청 성장할' 것으로 예상된다고 말했다. 그들은 다음 해 말에 재시험을 치렀고 그들이 '예견'했던 학생들은

IQ 검사에서 다른 학생들보다 훨씬 더 향상되었다는 것을 발견했다. 로젠탈과 제이콥슨은 선생님들과 학습자들이 꼬리표가 일치하는 방식으로 행동하기 시작함에 따라 꼬리표가 중요하고 학습자에게 변화를 가져온다고 결론지었다.

　일반적으로 학습자들은 자신에게 주어진 기대에 부응하기 때문에, 자기변화 중재를 할 때 교육자로서 긍정적인 기대를 중재하는 것은 우리의 도덕적 책임이다. 자기 충족적 예언 개념, 그리고 학습자가 이러한 기대의 관점에서 자신의 행동을 반성하고 관찰한다는 증거는 포이에르스타인의 자기변화에 대한 중재와 학습자가 부응할 수 있도록 긍정적인 자아감을 중재하는 것의 중요성과 연결될 수 있다.

……… 너도 알다시피, 정말로, 진실로, 누구나 집어들 수 있는 것(드레싱과 적절한 말솜씨 등)과는 별도로, 숙녀와 결혼식에서 신부에 앞서 꽃을 들고 들어가는 소녀의 차이는 그녀가 어떻게 행동하느냐가 아니라, 그녀가 어떻게 대우받느냐이다. 나는 히진스 교수님께 항상 꽃을 들고 있는 소녀이다. 왜냐하면 그는 항상 나를 소녀로 대하기 때문이다. 그리고 앞으로도 그럴 것이다. 하지만 나는 너에게는 숙녀이다. 왜냐하면 너는 나를 항상 숙녀로 대하고, 앞으로도 그럴 것이기 때문이다.

－ 조지 버나드 쇼의 『피그말리온』 중 엘리자베스 두리틀

작업 페이지

당신이 학습에 대해 어떻게 이해하고 있는지 생각해 보시오. 당신은 어떤 다른 아이디어, 접근법, 이론 또는 실습들을 포이에르스타인의 자기변화 개념과 연결할 수 있는가?

작업 페이지

자기변화 중재에서, 상담사는 학생들이 변화하는 행동의 긍정적인 산출물에 관해서 성찰할 수 있도록 격려한다.

앞의 삽화와 관련하여 다음 질문에 답하시오.

1. 자기변화는 변화가 내면에서 온다는 것을 인식하는 것이다. 한스는 자기변화에 개방적이라는 단서가 있는가?

_____

_____

_____

2. 상담사는 자기변화를 중재하였는가?

_____

_____

_____

3. 한스의 자기 반성은 다른 영역의 자기변화와 발전에 어떻게 전달되고 있는가?

_____

_____

_____

작업 페이지

참 혹은 거짓

맞는 문장에 **T**를 쓰고, 틀린 문장에 **F**를 쓰시오.

1. 아이를 약하거나 예외적인 것으로 규정하는 것은 자기변화 중재와 충돌된다. _____

2. 아이가 활동을 숙달한 후 즉각적으로 칭찬하는 것은 자기변화를 중재한다. _____

정의하기

자신의 말로 자기변화 중재를 정의하시오.

_____

_____

_____

_____

수정하기

다음 문장을 자기변화 중재를 향상시킬 수 있는 것으로 대체하시오.

"예술적 재능이 전혀 없구나."

_____

_____

_____

_____

생각하기

아이의 낮은 기능 수준을 받아들이는 것은 가르치는 데 있어서 인간적인 접근이다. 자기변화를 중재하는 것은 부모와 학생들의 기대를 비현실적이고 부당하게 높일 수 있다. 당신은 어떻게 생각하는가?

_____

_____

_____

_____

제12장

낙관적 대안 탐색

낙관적 대안 탐색(search for the optimistic alternative) 중재는 중재자가 어떤 상황에 대한 비관적인 접근보다는 낙관적인 접근을 선택하기 위해 학습자와 협력하는 것이다. 비관적인 방향은 현재 상태를 받아들이거나, 어떤 좋은 일도 할 수 없다고 믿는 결과를 낳는다. 낙관적 대안은 해결책을 찾을 수 있게 해 준다.

설명

 물컵에 50%의 물이 들어 있다고 상상해 보라. 반이나 찼을까, 반이나 비어 있을까. 둘 다 맞지만, 그것은 당신의 견해와 관점에 달려 있다. 비관론자는 '반쯤 비어 있다'고 말하고 부정적으로 보는 반면, 낙관론자는 '반이나 차 있다'고 말할 것이고, 보다 긍정적인 시각을 갖게 될 것이다. 현실은 둘 다 맞다. 낙관적인 대안을 찾기 위한 우리의 행동과 모든 차이를 만드는 것은 우리가 그것을 보는 방법의 선택이다. 그리고 인생은 긍정적인 변화의 가능성으로 가득 차 있다고 믿는 것과 비슷할 수 있다.

낙관적 대안 탐색 중재는 열한 번째 중재 기준이며, 포이에르스타인이 처음 10가지 기준을 제시한 후 얼마 후에 추가한 두 가지 기준 중 하나이다. 이 기준은 포이에르스타인의 '적극적 변화가능성'의 관점과 매우 밀접하게 관련되어 있다. 포이에르스타인은 그의 구조적 인지 변화가능성 이론의 개요를 설명하면서(제1부 참조) 두 가지 방향성을 제시하고 있다. 첫째, '수동적 수용' 접근법으로, 학습자의 결점이나 어려움을 수동적으로 받아들이고 환경이 이를 수용해야 하며, 여기서는 학습자의 기능 면에서 현재 상태를 유지한다. 대안적인 접근법으로, 중재가 집중적인 개입이나 중재가 주어지는 '적극적 변화가능성'으로 난관을 극복하고 피중재자의 인지 기능에 중대한 변화가 일어나도록 학습을 적극적으로 수정하는 것이다. 중재자 부분에 대한 이 적극적 변화가능성 접근 방식은 낙관적인 대안을 찾기 위해 학습자에게 중재하는 개념과 일치한다. 그것은 어려움을 변화시키고 극복하려는 의지가 있고, 실현될 방법이 있다는 중재자와 학습자 모두의 믿음과 유사하다.

교실에서

긍정적인 결과가 나올 가능성에 대한 믿음은 교실에서 학습자들에게 불어넣어 주어야 할 필수적인 것이다. 현재의 학교 교육에서 너무 자주, 중요한 학습을 필요로 하는 아이들이 분리되어 현재의 기능 수준에 맞게 그들의 교육을 '하향평준화'시키는 '특별 수업'에 들어간다. 이것은 그들에게 긍정적인 결과가 없고 현재 상태가 그들의 유일한 미래라는 믿음을 심어 준다. 종종 교육 과정은 지능 검사와 같은 정적인 심리측정 검사에 의해 결정되는 현재의 기능 수준에 기반한 학생을 위해 설계된다. 이러한 지능 검사는 학습자가 특정 시점에 기능하는 경우를 측정하지만, 너무 자주 학습자의 미래에 대한 예측 변수로 사용된다. 이 낮은 점수를 모든 미래 성과에 대한 예측 변수로 사용하는 것은 변화의 가능성을 낮추고 학습자에 대한 비관적이거나 수동적인 수용 접근법을 강화시켜 준다. 이는 학습자에게 낙관적인 대안에 대한 믿음을 무의미하게 하고, 그래서 학습과 행동을 적극적으로 변화하기 위해 제공되는 선택들을 제한한다. 지능 검사는 미래의 성과를 측정할 수 없지만, 이러한 시험이 선천적인 능력을 계속 측정하는 것으로 보일 때 종종 해로운 결과를 초래하는 것으로 보인다. 굴드(Gould, 1981)가 지적하듯 "우리는 이 세상을 단 한 번밖에 경험하지 못한다. 인생을 방해하는 것보다 더 광범위한 비극은 거의 없으며, 노력하거나 심지어 희망을 가질 수 있는 기회를 부인(denial)하는 일보다 더 깊은 불의(injustice)는 없다.'

집에서

상황을 보는 방법이 많다는 믿음을 집에서 중재함으로써, 부모는 가족을 위해 서로 다른 기회를 열어 줄 것이다. 예를 들어, 다른 관점, 의견 그리고 시각을 표현할 수 있도록 허용하면, 결코 한 가지 결과만 존재하는 것이 아니라는 사실을 가족 안에서 아이들에게 중재하게 될 것이다. 우리는 아이들이 잔이 반이나 차 있는 것을 볼 수 있도록 도울 필요가 있다. 아이들이 서로 다른 낙관적인 해결책을 꿈꿀 수 있는 능력을 갖게 된다면 이는 그들을 자유롭게 하여 문제 해결에 더 긍정적이게 할 것이다.

기억하기

낙관적인 대안 탐색 중재는 다음과 같은 방법으로 중재의 다른 기준과 크게 관련이 있다.

- 유능감: 긍정적인 믿음이 학습자의 긍정적인 자아개념과 성취 능력에 기여할 수 있을 것이다.
- 자기 규제와 행동 통제: 낙관적인 접근을 가능하게 함으로써 자율성과 책임감에 기여하게 된다.
- 도전: 긍정적인 해결책을 찾는 데 초점을 맞추는 것은 도전 감각과 연결된다.
- 목표 계획: 대안 검토는 긍정적인 행동 과정을 계획하는 것과 연관이 있다.

비관론자는 기회 있을 때마다 어려움을 본다. 낙관론자는 모든 어려움에서 기회를 본다.

– 윈스턴 처칠

적용	
예제들	낙관적인 대안 탐색 중재를 길러 주는 활동들
〈교실에서〉 교사는 학생들이 가능한 여러 가지 긍정적인 해결책을 자유롭게 찾도록 격려한다. "우선, 우리가 오염을 해결하기 위해 생각할 수 있는 모든 자연적이며 창의적이고 독창적인 선택들에 대해 브레인스토밍을 하고 나서, 그것들을 평가할 것이다."	• 영어 교사는 언어가 중립적이지 않은 방법을 설명하고 우리가 무언가를 묘사하는 방식이 우리가 표현하는 방식에 영향을 줄 수 있다고 설명한다. 단어는 모두 의미와 함축을 담고 있으며, 우리가 단어를 선택하는 것은 긍정적이거나 부정적인 것에 대한 묘사와 의미에 영향을 미칠 수 있다(예: '테러리스트' 또는 '자유를 위해 싸우는 사람' '무식한' 또는 '학습 어려움'). • 교사는 모호한 그림의 예를 통해 우리가 전경이나 배경에 집중하면 우리의 인식이 어떻게 변하는지를 보여 준다. 이러한 인식은 우리의 감정과 느낌뿐만 아니라 가장 효과적인 과정을 선택하는 능력에 영향을 미친다. • 교사는 학생들이 미래 직업에 대해 긍정적으로 생각하고 낙관적인 선택을 하도록 권장한다. • 교사는 비관적인 미래에 대해 긍정적인 대안 결과를 발견한 유명한 사람들의 사례를 공유한다(예: 헬렌 켈러의 삶).
〈집에서〉 부모는 문제에 대해 평가하는 사고를 장려한다. "존, 네가 무엇을 할지 결정하기 전에 긍정적인 면과 부정적인 면을 함께 나열해 보는 게 어때?"	• 가족 구성원은 인생의 후퇴를 미래 성장의 출발점으로 간주한다. 부모는 문제에 관해 여러 관점을 표현하여 아이들이 주어진 상황에 대한 다양한 선택과 대안을 찾아볼 수 있도록 권장한다. • 부모는 가족 행사에 대해 토의하여 주어진 시점에서 다양한 결과의 가능성과 낙천적인 경로를 따르는 선택이 어떻게 나타나는지를 보여 준다.
〈상담/지역사회 상황에서〉 치료사는 낙관적인 해결책 중심의 접근을 장려한다. "상황이 좋을 때, 그것들은 어떻게 다른가요? 무엇이 그것을 더 좋게 하나요? 더 좋을 때, 그 시기를 늘리기 위해 우리가 할 수 있는 일은 무엇인가요?"	• 상담사는 부모가 자녀 양육에 '갇혀 있는' 느낌을 주는 상황에 대한 결과를 묘사할 때 다양한 가능성, 선택 사항 및 전략을 모색하도록 권장한다. • 치료사는 사건에 대한 다양한 시나리오를 그려 내며, 그것을 다양한 관점에서 묘사함으로써 커플이 다른 상황보다 현재 상황을 훨씬 더 낙관적으로 볼 수 있는 여러 가지 방법이 있다고 알 수 있도록 해 준다. • 지역사회 활동가는 집단에게 '관점 전환' 연습을 하게 하여 각 구성원이 처음에는 부정적이었지만 긍정적인 방법으로 묘사할 것을 선택하도록 한다.

연결하기

낙관적인 대안 탐색 중재는 교육 관계자들이 개발한 아이디어와 접근에 연결될 수 있다. 교수와 학습은 낙관적인 대안 탐색 중재로 향상된다는 포이에르스타인의 생각을 지지하고 보완하는 교육자, 심리학자, 이론가 들의 다음과 같은 아이디어들을 생각해 보라.

> **낙관적인 대안 탐색 중재와 연결되는 다음과 같은 견해에 대해 성찰해 보라.**
>
> 내가 세상을 볼 때 나는 비관적이지만 사람들을 볼 때 나는 낙관적이다.
>
> – 칼 로저스
>
> 만약 당신이 망치를 가지고 있으면, 당신은 모든 문제를 못으로 보는 경향이 있다.
>
> – 에이브러햄 매슬로
>
> 우리가 보는 것은 주로 우리가 무엇을 찾느냐에 달려 있다.
>
> – 존 러벅
>
> 낙관주의자는 자신의 꿈이 실현되기를 기대하고 있다. 반면, 비관주의자는 자신의 악몽이 실현되기를 기대한다.
>
> – 오스카 와일드

생각해 보기

1980년대 미국에서 처음 도입된 해결 중심 치료(Iverson, 2002)를 생각해 보자. 이 접근법에서는, 문제에 집중하는 것에서 해결에 집중하는 것으로 전환이 일어난다. 원인을 찾기 위해 문제를 파기보다 해법을 찾기 위한 자원에 집중한다. 그것은 마치 이미지 기반의 그림 그리기 게임과 같아서, 그림이나 상황의 어떤 면을 '보기'를 선택할 것이며 이러한 인식이 여러분의 신념과 행동에 어떤 영향을 미치는가와 관련이 있다. 우리는 우리 자신의 신념 필터를 통해 삶을 인식한다. 그리고 우리는 그러한 필터들을 희망이나 선택이나 해결이 없는 방식이나 혹은 더 나은 미래를 위한 도전을 제공하는 방식으로 사물을 표현하기 위해 선택할 수 있다.

　해결 중심 치료는 문제에 초점을 맞추기보다는 해결책을 찾는 것에 중점을 두고, 포이에르스타인이 의지가 있는 곳에 좋은 결과를 얻을 수 있는 방법이 있다는 믿음으로 낙관적인 대안 탐색 중재를 하는 것과 양립한다.

> …… 어느 배는 동쪽으로, 그리고 다른 배는 서쪽으로 항해한다.
>
> 불어오는 동일한 바람에 의해,
>
> 강풍이 아니라 돛대가,
>
> 우리가 가는 길을 말해 준다.
>
> 바다의 바람이 시간의 물결처럼
>
> 우리가 인생을 여행할 때,
>
> 목표를 결정하는 것은 영혼의 집합이다.
>
> 그리고 고요함도 다툼도 아니다.
>
> 　　　　　　 - 엘라 휠러 윌콕스의 『운명의 바람(Winds of Fate)』으로부터

작업 페이지

당신이 학습에 대해 어떻게 이해하고 있는지 생각해 보시오. 당신은 어떤 다른 아이디어, 접근법, 이론 또는 실습들을 포이에르스타인의 낙관적 대안 탐색 중재 개념과 연결할 수 있는가?

_____

_____

_____

_____

_____

_____

_____

_____

_____

_____

_____

_____

_____

_____

_____

_____

_____

_____

_____

_____

_____

_____

_____

_____

_____

작업 페이지

감정적으로 문제에 휘말리거나 스트레스를 받을 때, 모든 것은 부정적으로 보인다. 이에 낙관적 대안 탐색이 중재되어야 한다.

> 내 인생은 엉망진창이야! 모든 사람들의 관심을 끌기 위해 마약에 의지하는 편이 나아.

> 아니야. 가반(Garvan), 네가 가진 좋은 것 좀 봐. 넌 똑똑하고 재밌고, 난 널 사랑해. 마약을 하는 것은 너의 뇌를 혼란스럽게 할 뿐이야.

앞의 삽화와 관련하여 다음 질문에 답하시오.

1. 넬리는 가반에게 낙관적 대안을 어떻게 중재하는가?

_____

_____

_____

2. '부정적 증후군(half empty glass syndrome)'이 가반에게 어떤 영향을 주는가?

_____

_____

_____

3. 가반의 부모라면 낙관적 대안 탐색 중재를 어떻게 할 것인가?

_____

_____

_____

작업 페이지

참 혹은 거짓

맞는 문장에 **T**를 쓰고, 틀린 문장에 **F**를 쓰시오.

1. 창의적 문제 해결에 학생을 참여시키는 교사들은 낙관적 대안 탐색을 중재하고 있다.

   _____

2. 부정적 행동의 처벌에만 치중하는 부모는 낙관적 대안을 중재하고 있다. _____

정의하기

자신의 말로 낙관적 대안 탐색 중재를 정의하시오.

_____

_____

_____

수정하기

다음 문장을 낙관적 대안 탐색 중재를 향상시킬 수 있는 것으로 대체하시오.

"시험의 반을 틀렸구나. 넌 분명히 이 과목에 적성이 없네."

_____

_____

_____

생각하기

낙관적 대안 탐색 중재는 우리가 항상 인생의 밝은 면을 찾으려 한다는 것을 암시한다. 부정적인 것들은 중요하지 않으며 오히려 피해야 한다. 이것에 내재된 위험이 있는가? 당신은 어떻게 생각하는가?

_____

_____

_____

제13장

소속감

소속감(sense of belonging) 중재는 중재자가 학습자에게 확대 가족, 집단, 공동체 그리고 문화의 부분이 되는 것의 가치를 설명할 때 일어난다. 우리가 어디에 그리고 어떻게 적합한지를 아는 것과 서로 다른 문화들이 작동하는 방식에 대한 상식을 이해하는 것은 인지적이면서도 사회 정서적 발달을 촉진시킨다.

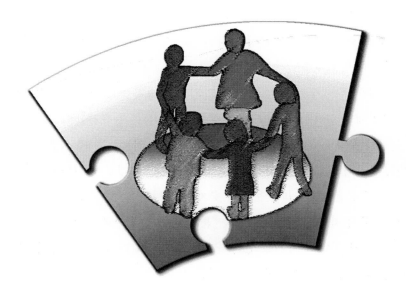

설명

우리 모두는 우리에게 맞는 방법을 이해하기 위해 우리가 연결되어 있고 지지되고 있다는 것을 본능적으로 알아야 할 필요가 있다. 우리의 과거를 이해하는 것은 우리가 현재를 효과적으로 살고 그리고 미래를 계획하는 데 도움이 된다. 소속감을 중재하는 것은 이전 세대와 후손 세대와 손을 잡는 것과 같다. 우리는 부모로부터 받은 문화적 이해를 자손들에게 넘겨준다. 우리는 집단, 가족, 공동체 그리고 문화의 한 부분이 되는 갈망을 가지고 있다. 그리고 우리는 소속감을 중재할 책임을 가지고 있다.

소속감 중재는 중재의 중요한 기준이다. 포이에르스타인은 소속감 중재를 처음 10가지 기준을 제시한 후에 소개하였다. 이 기준은 포이에르스타인이 만든 문화적 차이와 문화적 박탈 간의 비교와 관련된다. 문화적 차이는 다음과 같은 생각과 관련된다. 모든 문화는 다른 관습, 의례, 신념 그리고 실행을 가지고 있다. 이러한 것들은 학습자들의 다음 세대에 중재될 필요가 있어 그들이 세상을 이해하고 인지하는 능력을 효과적으로 작동하도록 발전시킬 수 있다.

문화적 박탈은 문화가 중재되지 않고 그리고 학습자들이 그들의 문화에서 세상이 작동하는 방법에 대한 이해를 발달시키지 못할 때이다. 학습자들이 그들에게 중재되는 문화를 박탈당할 때, 그들은 사회에서 효과적으로 기능하는 데 필요한 사회인지 기술들을 발달시키지 못한다. 문화가 한 세대에서 다음 세대로 중재되어 다른 문화들이 인정될 때, 소속감은 발전된다. 문화의 중재를 박탈하는 것은 소속감의 결핍을 낳는다. 그래서 문화적 차이는 개인이 속하는 문화적 집단에 관해 더 많은 이해를 하는 것이고, 이것이 다른 집단과 차이를 만들 수 있다. 문화적 박탈은 소속감과 인지적/정의적 발달의 상실을 낳는 문화적 이해의 중재를 빼앗기는 것이다.

교실에서

다문화 사회가 될수록, 학교가 차이를 인지하고 교육하는 것이 더 중요해진다. 학습자가 어디에서 왔는지 축하하고 어떻게 다르게 행동하는지 설명하도록 하는 것은 관용과 공감과 같은 사회적 영향을 주는 특성뿐만 아니라 인지 발달에도 도움이 된다. 학습자들이 소속될 수 있는 많은 다른 집단들이 있고 이러한 집단들 각각은 특정한 문화를 갖고 있다(예: 스포츠 팀, 음악 집단, 토론 클럽, 교회 합창단). 이러한 각각의 도덕, 가치 그리고 관습들(예: 학습자들에게 이러한 집단들의 문화)을 중재하는 것은 그들의 집단에 더 깊이 소속되고 싶은 감각을 갖게 하고 그래서 효과적으로 공헌하는 능력을 향상시킨다.

집에서

가족들의 생활방식이 더욱더 분절되고, 편협해지고, 핵가족화가 되면서, 우리들은 세대 간 상호작용의 혜택들을 잃어 가는 위험을 경험한다. 생활방식이 분리, 이민 혹은 이사를 통해서 대가족으로부터 멀어지는 것을 의미했던 경우, 공동체 혹은 문화에서 기능하는 특별한 방식들이 상실될 수 있다는 우려가 있다. 가족들을 위한 바쁜 업무 일정은 세대 간의 접촉의 결핍, 그래서 한 세대에서 다음 세대로 실천되고 중재되어야 할 문화적 의례들의 전승 기회들이 더 적어질 수 있다. 그래서 학습자들이 혼란 혹은 문화적 소외를 경험하는 위험이 있다. 학습자는 이해의 결핍, 고립감, 그리고 그 어디에도 소속되지 않는 감각을 경험할 수 있다. 가족들은 다음 세대를 위한 전통적인 이해에 관한 전승의 가치를 기억할 필요가 있다.

기억하기

소속감 중재는 다음의 방식에서 중재의 다른 기준으로 명확하게 연결된다.

- 의미: 특정 가족 관행의 문화적 의미와 목적을 이해하는 것이 학습자의 소속감을 증가시킨다.
- 초월: 일상의 가족 활동이 기본적인 가치들에 의해 어떻게 인도되는지를 볼 수 있고, 문화적 원칙들이 소속감을 형성하는 데 기여할 것이다.
- 개별화: 우리가 누구이고 우리가 어떻게 다른 사람들과 다른지를 이해하는 것은 우리가 어디에 속해 있는지를 동시에 깨닫고 인식할 수 있게 한다.

누구든지 자기 아들을 가르치는 사람은, 자기 아들만이 아니라 자기 아들의 아들까지 가르치며, 대대로 이어지는 것을 가르친다.

– 히브리 속담

적용	
예제들	소속감 중재를 길러 주는 활동들
〈교실에서〉 교사는 학생들이 그들이 속한 문화의 전통에 대해 성찰하도록 격려한다. "세계의 날 행사에서, 모든 사람은 그들의 전통의상을 차려입을 수 있고, 다양한 집단의 음식과 춤이 있을 것이다."	• 교사는 교실에서 모든 학습자-특히 다르고 다양한 학습 필요를 가지고 있는 사람들-를 포함시킴으로써 소속감을 발달시킨다. • 교사는 스포츠 클럽이나 뮤지컬 단체 혹은 사회적 클럽과 같은 다른 집단에 소속되어 있는 학습자들의 역할과 책임감을 탐색한다. • 교사는 학생들의 학습에 영향을 주는 교실 밖의 다양한 영향을 보다 더 광범위하게 이해하기 위한 다양한 공동체와 집단의 사람들과 협력하고 상담한다. • 교사는 '문화적 자각'의 날들을 마련한다. 거기서 학생들은 그들의 문화와 전통과 관련된 방식으로 옷을 입을 수 있고, 먹을 수 있고, 축하할 수 있다.
〈집에서〉 부모는 가족에게 소속감을 중재하는 과거 세대의 이야기들을 말한다. "너의 증조부는 여행가셨다. 그분은 아프리카로 항해를 했고 거기서 증조모를 만나 결혼을 했고 아홉 명의 자녀를 두셨다."	• 가족 구성원들은 서로 지지하기 위해 책임감을 보여 주고, 세대 간에 서로 연결되어 있다는 느낌을 발달시킨다. • 부모들은 가족의 서로 다른 문화적 관습의 종교적 혹은 사회적 중요성을 설명한다. • 부모들은 그들의 자녀들이 스포츠 클럽과 음악 집단에 참여하고, 이러한 집단에 속하는 가치와 규칙을 이해하도록 격려한다. • 가족들은 그들의 언어나 종교 혹은 문화의 뿌리를 탐색하고, 이러한 것들을 이해와 공감을 기르기 위해 다른 집단들과 비교한다.
〈상담/지역사회 상황에서〉 상담사는 청소년 클럽에 가입할 권리와 책임을 정한다. "네가 청소년 클럽에 가입할 때, 너는 소속되기를 원하는 스포츠 팀을 선택할 수 있어. 그러나 너는 팀의 모든 연습과 게임에 참석하고 규칙을 따를 것을 약속해야 해."	• 상담사는 공동체들이 소속되어 있는 환경을 더 좋은 장소로 만드는 책임감을 공유하기 위해 함께 활동하기를 권장한다. • 치료사는 고객들이 격리와 혼란의 느낌을 극복하고 소속감을 개발하기 위해 그들의 뿌리를 탐색하도록 권장한다. • 사회 복지사는 거리의 청소년들을 위해 청소년 클럽을 만들고, 책임감과 이러한 클럽에 소속되는 가치를 주입하기 위해 노력한다.

연결하기

소속감 중재는 교육 관계자들이 개발한 아이디어와 접근법에 연결될 수 있다. 소속감 중재를 통해 교수와 학습이 향상된다는 포이에르스타인의 생각을 지지하고 보완하는 교육자, 심리학자, 이론가 들의 몇 가지 아이디어들에 대해 생각해 보라.

소속감 탐색의 중재와 연결되는 다음 관점들을 성찰해 보라.

학습과 사고는 항상 문화적 배경에 맞추어져 있고, 항상 문화적 자원들의 활용에 의존한다.

– 제롬 브루너

나는 내가 만나고 있는 모든 것들의 한 부분이다.

– 알프레드 테니슨

한 세대는 나무를 심고, 다른 세대는 그늘을 드리운다.

– 중국 속담

한 명의 아이를 기르기 위해서는 마을 하나가 필요하다.

– 아프리카 속담

생각해 보기

심리학자 브론펜브레너(Bronfenbrenner, 1917~2005)의 연구를 생각해 보라. 그의 생태계 이론은 포이에르스타인의 소속감과 연결되어 있다. 브론펜브레너는 학습자는 격리에서가 아니라 가족, 공동체 그리고 사회의 계층 상황에서 발달한다고 제안했다. 학습자의 발달에 영향을 주는 것으로 브론펜브레너가 밝힌 여러 계층은 다음과 같다.

- 미시체계: 학습자에게 가장 가까우면서도 사적인 단계이고 가족, 학급, 이웃 등과 같은 직접적인 환경을 포함한다.

- 중간체계: 아이의 교사와 그의 부모 간, 그의 교회와 이웃 간의 상호작용처럼 직접적인 환경 간의 상호 연결이다.
- 외체계: 사회적 배경이고, 부모의 일터처럼 아이에게 미치는 더 큰 지역사회 영향을 정의한다.
- 거시체계: 문화적 가치, 관습 그리고 법으로 구성된 가장 바깥쪽의 층이다.

   각 층은 개인의 발달을 형성하는 역할, 규범 그리고 규칙을 갖고 있다. 그 어떤 학습자도 섬이 아니다. 서로 상호작용하면서 그리고 가족과 사회의 다양한 계층을 통해서 존재한다. 모든 아이들이 가족, 공동체, 문화에 이르는 일련의 시스템에 속한다는 것을 인정하는 것에 중점을 둔 생태계 이론은 포이에르스타인의 소속감 중재와 양립할 수 있다.

우리는 사회의 가치를 어떻게 판단할 수 있을까? 만약 한 국가의 어린이들과 청소년들에게 그들의 가능성을 최고도로 개발할 수 있는 기회가 주어진다면, 그들에게 세상을 이해하는 지식과 그것을 변화시킬 수 있는 지혜가 주어진다면, 그러면 미래에 대한 전망은 밝을 것이다.

– 유리 브론펜브레너

작업 페이지

당신이 학습에 대해 어떻게 이해하고 있는지 생각해 보시오. 당신은 어떤 다른 아이디어, 접근법, 이론 또는 실습들을 포이에르스타인의 소속감 중재 개념에 연결할 수 있는가?

_____

_____

_____

_____

_____

_____

_____

_____

_____

_____

_____

_____

_____

_____

_____

_____

_____

_____

_____

_____

_____

_____

작업 페이지

우리가 누구인가를 이해하는 열쇠는 우리의 뿌리와 그것들이 오늘날의 사회에서 우리의 위치에 어떤 영향을 미치는가를 조사하는 것이다. 교사들은 역사 교훈에서 이것들을 학문적으로 숨길 수 있지만, 아이 삶의 모든 영역에서 소속감을 중재할 필요가 있다.

앞의 삽화와 관련지어 다음 질문에 답해 보시오.

1. 만약 그렇다면, 교사는 창(Chang)에게 소속감을 어떻게 중재하였는가?

2. 이 접근법이 창에게 어떤 영향을 미쳤는가?

3. 특별한 영역에서 당신은 소속감을 어떻게 중재하는가?

작업 페이지

참 혹은 거짓

맞는 문장에 **T**를 쓰고, 틀린 문장에 **F**를 쓰시오.

1. 아들과 함께 자신의 어린 시절 가족 사진을 공유하는 엄마는 소속감을 중재하고 있다. _____
2. 아이들이 그 혹은 그녀 자신의 필요에 집중하는 것을 격려하는 상담사는 소속감을 중재하고 있다. _____

정의하기

자신의 말로 소속감 중재를 정의하시오.

_____

_____

_____

_____

수정하기

다음 문장을 소속감 중재를 향상시킬 수 있는 것으로 대체하시오.

"너의 과거는 중요하지 않아. 네가 집중해야 할 것은 지금 네가 있는 여기야."

_____

_____

_____

_____

생각하기

어떤 치료사는 초기 삶의 가족 경험이나 상처가 될 수 있는 관계들을 이야기하는 것을 의도적으로 피한다. 그들은 개인 내에서 현재의 행위와 인지를 수정하는 것에 집중한다. 이것은 소속감 중재에 상반되는 것인가?

_____

_____

_____

_____

제3부

메타인지
인지 기능과 역기능

- 인지란 무엇인가?
- 사고의 전제는 무엇인가?
- 사고에 대해 사고하는 것, 즉 메타인지를 한다는 것은 무엇을 의미하는가?
- 부모들과 교사들은 아이들이 학습하는 방법을 학습하는 것을 어떻게 도울 수 있을까?

3부는 포이에르스타인의 인지 기능과 역기능 목록에 대해 토의함으로써 위의 질문들에 답한다.

제3부는 루빈 포이에르스타인이 명명한 인지 기능과 역기능의 정교화를 다루고 있다. 이것은 포이에르스타인의 도구 심화 프로그램의 부분이 아니라, 교사-학생 중재와 인지 기능의 발달을 위해 가장 잘 연구되고, 가장 중요하고 그리고 잘 발달된 도구 중의 하나이다.

3부에서 소개된 많은 인지 기능들은 이미 교사들이 자주 언급하는 내용일 수 있고, 교사들은 여기 소개된 전략들의 일부 혹은 자신의 전략을 사용할 수 있다. 3부는 교사들의 전략 목록 그리고 인지 기능에 대한 이해를 보충하기 위해 제공된다. 가장 중요한 것은, 인지 기능과 인지 기능의 향상을 위한 전략에 초점을 맞추는 것은 교사들이 교육의 과정과 목적, 그리고 이러한 과정을 개발하고 목표를 달성하기 위한 가장 효과적인 전략에 대한 인식을 높이고 생각할 수 있도록 하기 위한 것이다.

게다가 기초적인 과정 측면에서 인지 기능의 분석과 수행은 전통적인 형태의 심리 측정 평가보다 더 효과적인 대안으로 보인다. 이 대안은 아이들의 능력의 정량화를 강조하고, 그들의 측정에 대한 세계적인 접근법을 제공하고, 그리고 평가와 개입 간에 관련이 없다는 것을 강조한다. 그래서 3부는 교사에게 어려운 영역에서 구조적으로 평가하고 개입하는 도구를 제공한다.

동시에, 3부는 인지 기능은 항상 향상될 수 있다는 점에서 능력의 범위에 있는 학생들과 관련이 있다. 게다가, 더 높은 성취도를 가진 학생이 이후의 삶에서 자율 학습을 위해 필요한 인지 기능을 개발한 학생은 아니다. 다시, 인지 능력은 상대적이고, 어떤 주어진 기능의 유능감 정도에서 개인들(흔히 눈에 띄는) 내부와 개인들 간의 변화가 있을 것이다. 또한 특정한 인지 장애를 교정하는 것이 극도로 어려운 사람들도 있다. 이러한 경우, 학생이 동일한 목표를 달성할 수 있도록 유연한 접근 방식을 채택하고 보상적인 인지 기능을 찾는 것이 중요하다.

결국, 인지 기능은 사람들의 문화적, 발달적, 상황적 및 감정적 맥락에서 벗어날 수 없다. 예를 들면, 어느 문화에서 필요하고 바람직하다고 여겨지는 것이 다른 문화에서는 적절하지 않은 것으로 보일 수 있다. 어느 세대에서 결핍으로 여겨지던 것이 다른 세대에서는 발달적으로 적절한 것으로 여겨질 수 있다. 어떤 학생이 어느 상황에서 인지 기능을 완전하게 발휘할 수 있지만, 동기 혹은 감정적인 이유를 위해서 다른 상황에서는 그것에 소홀할 수 있다. 문제는 학생의 인지 기능과 전혀 관련되지 않을 수 있고, 대신에 환경의 특성/요구와 관련이 있을 수 있다.

그래서 3부의 인지 기능과 전략들은 규범적이거나 진단적인 방식으로 제시되지 않는다. 그것들은 교사들이 인지 기능을 향상시키는 데 채택할 수 있는 목표와 방법에 대한 지침으로 의도된 것이다.

인지 기능 목록은 과제에 대한 개인의 성공 혹은 낮은 성과에 대한 이유를 확인하고 이해하는 데 도움이 된다. 결함이 있는 기능이 확인되면, 개인은 적절하고 충분한 중재를 통해 이러한 인지 기능들을 교정하고 재개발함으로써 도움을 받을 수 있다. 그래서 포이에르스타인의 사고 모델의 핵심인 인지 기능 목록은 아주 유용한 평가와 교수 도구 역할을 한다.

인지의 목적

3부의 목적은 인지 기능과 역기능을 설명하고 조작하는 것이다. 그것은 다음을 제공한다.

- 각 인지 기능에 대한 자세한 설명
- 인지 역기능에 대한 실제 사례
- 중재학습경험의 관점에서 역기능을 다시 중재하는 전략들

우리는 인지의 전제인 포이에르스타인의 인지 기능 목록이 다음을 위한 가치 있는 도구라는 것을 믿는다.

- 사고 오류 진단
- 역기능 재중재
- 인지 기능의 강화

이 목록은 학생들이 메타인지를 사용하거나 그들 자신의 사고에 관해서 사고하는 것 등의 사례처럼 자신의 사고와 행동을 인지하고 이해하여 더 자율적이고 독립적인 학습자가 되도록 돕는 데 사용될 수 있다.

인지 기능과 역기능: 입력, 정교화 그리고 출력

> 너무 자주, 그것이 교실이든 아니면 시험 상황이든, 아이들이 주어진 작업을 수행하는 데 실패하는 것은 작업에 필요한 원칙들에 대한 지식의 부족, 아니면 더 심할 경우 원칙의 이해를 방해하는 낮은 지능이 원인일 수 있다. 간과되는 것은 결핍은 작업 수준이나 어린이의 사고 과정의 특정한 내용이 아니라 인지 활동의 성공적인 성과를 결정하는 근본적인 기능들에 있을 수 있다는 것이다.
>
> – 포이에르스타인, 1980, p. 71

포이에르스타인은 입력(input), 정교화(elaboration), 그리고 출력(output)으로 명명한 정신 활동의 세 가지 주요한 단계에 따라 인지 기능을 범주화했다. 비록 인위적으로 세 가지 단계로 분류했지만, 그것들은 일상에서 반드시 분리되어 일어나지 않는다. 그러나 세분화는 사고를 분석하고 묘사하는 데 유용할 뿐만 아니라 어떤 요소가 사고에 부정적으로 영향을 미칠 수 있는지 판단하는 데도 도움이 된다. 이 모델은 교사들과 부모들에 의해서 특별한 과제에 어려움을 경험하고 있는 아이들을 더 잘 이해하고 돕는 데 사용될 수 있다.

예를 들면, 어느 아이가 분류화의 과제에 실패했다면, 그 아이의 낮은 지능이나 혹은 분류하는 데 있어서의 무능력에 관해 언급하는 것으로는 충분하지 않다. 대신에 세 가지 사고 단계 중 하나에서 발견할 수 있는 그 어려움의 근본적인 원인을 찾아야 한다. 예를 들면, 분류를 못하는 능력은 입력 단계에서 부정확한 정보 수집과 같은 근본 기능 때문일 수 있고, 정교화 단계에서 항목들을 비교할 수 없기 때문일 수 있거나 혹은 출력 단계에서 부족한 의사소통 기술 때문일 수 있다.

학생의 인지 기능의 구체적인 분석은 정신 활동의 세 단계에 대한 심층적인 이해를 요구한다.

입력 단계: 정보 수집하기(수신)

입력 단계는 과제를 해결하기 위해 정보나 데이터를 수집하는 단계이다. 예를 들면, 그것은 한번에 많은 정보의 출처를 수집하고 검사하는 능력뿐만 아니라 효율적이고 정확한 지각, 충분한 경청 기술, 언어와 시간, 공간, 그리고 수량에 대한 명확한 이해를 포함할 수 있다.

정교화 단계: 문제 해결(처리)

정교화 단계는 정보나 데이터가 처리되는 단계이다. 우리의 마인드는 우리가 모은 정보들에 노력을 들인다. 예를 들면, 과제를 정의하고, 관련된 정보의 출처들을 비교하고 통합하고, 계획하고, 가설을 세우고, 문제를 논리적으로 처리하기 등을 포함할 수 있다. 이 단계는 가장 중요하고 중심적인 단계이다.

출력 단계: 반응 소통하기(표현)

출력 단계는 정보나 데이터가 의사소통되거나 표현되는 단계이다. 문제에 대한 반응이나 해답이 주어진다. 그것은 정확하고, 적절하고 그리고 효율적인 의사소통 기술을 포함한다.

제14장

입력

만약 학생의 사고에 관해서 다음과 같이 언급하는 것을 우연히 듣는다면, 학생은 사고 과정의 입력(input) 단계에서 어려움을 겪고 있을 것이다.

- "그렇게 추측만 하지 말고, 그것을 자세하게 조사해."
- "천천히, 시간을 가져라."
- "길을 잃어버렸니?"
- "뛰기 전에 보는 법을 배워야 한다."
- "너는 다섯 가지 중요한 세부 사항을 빠뜨렸다."
- "우리가 읽은 이야기를 이해했니?"
- "지시문이 무엇이었지?"
- "동일하게 유지된 것과 변화된 것이 무엇인지 알아보자."
- "너는 공부 시간표를 짜야 한다."
- "그것은 같은 그림이고, 단지 다른 각도에서 보일 뿐이야."
- "또 늦었어?"
- "어느 것이 너의 오른손이니?"
- "너는 다른 관점에서 생각할 필요가 있다."

- "너의 에세이는 주제에서 벗어났다."
- "지금 자세히 봐."
- "이것들은 단지 부주의하고 어리석은 실수들이야."

입력 단계

　지적인 행동의 '입력' '정교화' '출력' 지형은 컴퓨터 시스템과 아주 유사하다. 비교적 세련됨에도 불구하고 여전히 아이들의 사고방식을 지나치게 기계적으로 분석했다는 것을 포이에르스타인은 인정한다. 그러나 포이에르스타인은 이것으로 아동의 불충분한 지적 기능의 원인에 대한 일반적인 분석과 설명에서부터 교사, 부모, 그리고 제한된 훈련을 받은 전문가들에 의해 선택되고 사용될 수 있는 진단 시스템까지 개발하였다 (Sharron, 1987, p. 58).

　포이에르스타인은 사고 혹은 인지 기능의 기저를 이루는 과정을 세 가지 단계, 즉 입력, 정교화, 그리고 출력 단계로 분류했다.

1. 입력 단계에서는 작업을 수행하거나 문제를 해결하기 위해 정보를 수집한다.
2. 정교화 단계에서는 정보를 처리한다.
3. 출력 단계에서는 반응이 소통된다.

　입력 단계에서, 우리들은 우리의 시각, 청각, 촉각, 후각 그리고 미각으로 주변 자극들을 흡수한다. 이 단계에서 경험되는 어려움들은 정교화 단계에서 과제들이 어떻게 처리되는지, 그리고 출력 단계에서 산출물이 어떻게 표현되거나 표시되는지에 영향을 미칠 것이다. 예를 들면, 입력 단계에 어려움을 가지고 있는 학생은 모든 필요한 정보를 검토할 시간을 가지지 않은 채 맹목적으로 작업에 매진할 수 있다. 이 학생은 종종 시간에 늦고, 길을 잃고, 언어적 지시를 오해하거나, 혹은 이야기를 따르는 데 어려움을 겪을 수 있다. 그러한 학생은 또한 부주의한 실수들을 저지르고, 중요한 세부 사항들을 빠뜨리거나,

혹은 자극들 가운데 공통점을 보는 것에 실패할 수 있다.

 이 장은 사고의 입력 단계에서의 문제들을 다룬다. 각각의 역기능을 확인하는 방법에 대한 자세한 설명이 제공되며, 포이에르스타인의 중재 기준을 사용하여 역기능을 교정하는 제안들이 있다.

이 표를 사용하여 다음 페이지의 교실 그림에서 각 아이의 역기능을 식별하라.

입력	
기능	역기능
지각	
명확한	모호하고 포괄적인
학습 상황 탐구	
체계적	충동적
언어 도구와 개념 이해	
정확하고 친밀한	손상된
공간 개념의 이해	
잘 발달된	손상된
시간 개념의 이해	
잘 발달된	결여 혹은 손상된
보존 능력	
잘 발달된	손상된
자료 수집하기	
정확하고 정밀한	손상된
둘 이상의 정보 출처를 고려할 수 있는 능력	
잘 발달된	손상된

지각

설명

모호한 지각의 특징은 세부 사항들의 빈곤
이나 명확성의 결여이고…… 그리고 적절한
구별과 설명에 필요한 데이터의 불완전성이다
(Feuerstein, 1980, p. 76).

학생의 포괄적인 지각이 이해력 결핍의
원인이 된다.

명확한 지각	모호하고 포괄적인 지각
명확한 지각은 다음과 같은 능력을 말한다. • 관련 세부 사항들을 지각할 수 있을 만큼 충분히 오랫동안 주의를 집중하는 것 • 필수적인 혹은 관련된 세부사항과 관련이 없거나 부적절한 세부사항을 명확하게 구별하는 것 • 대상이나 문제의 특성을 정의하고 설명하는 것 • 새로운 정보를 의미있게 분석하기 위해 과거 경험을 사용하는 것 • 문제의 모든 측면을 전체적으로 지각하기, 즉 모든 부분들을 통합하기 위해 • 작업의 새로움과 복잡성에 따라 적절한 주의와 시간을 세부적으로 투자하는 것	모호하고 포괄적인 지각은 다음과 같이 확인될 수 있다. • 형태, 모양, 크기 및 공간에 대한 주의력 결핍 • 비슷하게 보이는 절차를 구별하는 능력 결핍(예: e와 c의 혼동) • 비슷하게 들리는 철자를 구별하는 능력 결핍(예: i와 e의 혼동) • 적절한 세부사항들을 선택하는 능력의 부재(예: 교사의 목소리보다 지나가는 차의 배경 소음에 집중하는 것이나 그림에서 특정한 시각적 항목에 집중하지 못하는 것)

다양한 경우	사례
사물이 지각되는 방식은 입력 단계에서 발생한다. 그 단계에서 학생들은 외부 세계로부터 정보를 받아들인다. 그/그녀의 문제를 해결하기 위해 정교화 단계에서 존재하는 지식을 가지고 이 정보를 통합한다. 반응은 출력 단계에서 소통된다. 모호하거나 구별되지 않는 지각은 인지 처리와 의사소통을 방해하는 불완전하고 부정확한 정보를 수집하게 된다.	모호하고 포괄적인 지각을 가진 학생은 읽을 때 일반적인 배열에 따라 단어들을 추측할 수 있다(예: pedal 대신에 petal로 읽고[부정확한 지각]; 이야기 문제를 너무 급하게 읽어서 문제를 해결하는데 필요한 핵심적인 숫자로 된 세부사항을 놓친다[불완전한 지각]).

전략	
예제	모호하고 포괄적인 지각을 교정하는 전략
〈의도성과 상보성〉 교사는 주의를 집중시키는 전략을 제시한다. "천천히 그리고 주의 깊게 읽어라. 그러면 너는 그 어떤 세부 사항도 놓치지 않는다.'"	• 철자를 알고 있는 사물과 연결시켜 철자 인식을 촉진시키라[예: 대문자 S를 뱀(snake)의 이미지와 연결하라]. • 학생들이 단어로 된 글자 간의 차이를 시각적으로 지각할 수 있도록 색, 베끼기 또는 확대를 사용하라(예: 'pat'과 'put'). • 작업에 대해 천천히 그리고 체계적인 주의를 촉진하여 정확한 자료 수집에 충분한 시간을 투자할 필요가 있다는 것을 강조하라.
〈자기 규제와 행동 통제〉 교사는 학생의 자기 규제를 격려한다. "대답하기 전에, 모든 정보에 관해서 고려해라."	• 학생들이 받은 정보들을 자세하게 설명할 수 있도록 학생들을 격려하라. • 학생들이 정기적으로 멈추어 그들 자신의 단어로 정보를 다시 설명하도록 하라. • 자기 점검의 중요성을 강화하라(예: 속도를 늦추고, 정확하게 작업하고, 그리고 스스로 점검한다).
〈유능감〉 교사는 반응을 칭찬한다. "훌륭해, 샐리! 그것을 어떻게 알았는지 우리에게 말해 줘."	• 선생님의 조언에 배타적으로 의존하는 것보다 들어오는 정보를 해석하여 독립적으로 작업할 수 있도록 학생들의 자신감을 북돋우라. • 학생들이 성공적인 자료 수집 전략들을 공유하도록 학생들에게 보상하라. • 둘 이상의 양식을 이용하는 특별한 기술을 강화하라(예: read-repeat-write). • 정확한 지각을 돕기 위한 문맥적 단서들을 이용하라(예: 문장이나 구절을 이용하여 단어의 의미를 해독하도록 돕기).

학습 상황 탐구

설명

살펴야 할 몇 가지 단서가 제시되었을 때, 개인의 접근은 너무 체계적이지 않아서 그는 특정한 속성이 적절한 해결책에 적합하게 만드는 단서들을 선택할 수 없다(Feuerstein, 1980, p. 77).

학생은 지시가 완성되기도 전에 반응한다.

학습 상황의 체계적 탐구	학습 상황의 충동적 탐구
학습 상황의 체계적 탐구는 다음과 같은 능력을 말한다. • 목표 중심의 방식으로 과제에 접근한다. • 문제를 정의하는 데 필요한 모든 정보를 수집하고 평가하는 시간을 가진다. • 일을 질서정연하게 그리고 체계적인 방식으로 생각한다. • 문제를 해결할 때 속도와 정확성을 통제한다.	인지 기능에 어려움을 경험하는 학생은 세 가지 방법 중 하나로 충동성이 뚜렷하게 드러날 수 있다. 그 학생은 다음을 할 것이다. • 필요한 것에 적절한 주의를 기울이지 않거나 체계적인 접근 방식을 채택하지 않은 채 위험하고 비조직적인 방식으로 과제에 너무 빨리 돌입한다. • 형편없는 조사 전략을 가지고 있고, 문제를 통해 생각하는 데 필요한 모든 정보를 수집하고 통합할 필요를 느끼지 못할 것이다. • 자기 통제가 부족하고 특별한 과제를 위해 필요한 속도, 정확성 그리고 정밀도를 조정하는 데 어려움이 있을 것이다.

다양한 경우	사례
학습 상황에 대한 부족한 탐구는 사고의 세 가지 단계 모두에 영향을 미칠 것이다. 입력 단계에서, 그것은 문제에 대한 조직적이지 않은 접근법으로 나타날 것이다. 정교화 단계에서, 그것은 문제를 체계적으로 생각할 수 없게 될 것이다. 출력 단계에서, 그것은 성급하고 미숙한 반응으로 나타날 것이다.	충동은 교사가 지시를 내리기 전에 학생이 모호하게 대답하게 한다. 학생은 '시행착오' 반응을 보일 것이고 문제를 정의하는 시간을 가지지 않거나 문제를 해결하기 위해 필요한 정보를 자세히 보지 않을 것이다. 비록 문제를 해결하기 위해 필요한 정보를 모두 고려하겠지만, 학생은 모든 변수를 통합하는 데 실패할 것이다. 예를 들면, 그림 조각 퍼즐을 맞추는 데 있어서, 학생은 색깔, 모양, 그리고 크기를 동시에 고려하지 못할 것이다.

전략	
예제	충동을 교정하는 전략
〈의도성과 상보성〉 교사는 주의할 수 있도록 속도를 늦춘다. "더 천천히 가자. 그리고 한번에 하나에만 집중하자."	• 환경을 구조화하라(예: 학생들이 하나의 작업과 다른 것 간에 표류하지 않도록 예방하기 위해 자극들의 수를 줄이라). • 자극들에 대한 학생들의 반응을 다양화하라(예: 장시간 동안 더 느린 속도로 소개하라). • 학생들이 자극에 반응하는 데 있어 둘 이상의 양식을 사용하도록 하라(예: 입으로 그리고 글로 반응하기). • 지시를 반복하라. • 학생들에게 과제를 적용하기 위한 계획이나 모델(단계를 구체화하기)을 주라.
〈자기 규제 및 행동 통제〉 교사는 자기 통제를 격려한다. "잠시만 기다려. 생각 좀 해 보자!"	• 학생들의 반응을 지연시키라(예: 학생들에게 반응하기 전에 답을 생각하라고 말하라). • 문제에 대한 해결책을 말함으로써 문제 해결을 모델링하라. • 성급한 반응을 억제하기 위한 순서를 지키는 것을 격려하라. • 학생들이 그들 자신의 단어로 과제를 설명하도록 하라.

〈낙관적 대안 탐색〉 교사는 다른 대안을 생각하도록 요구한다. "이 문제를 해결하기 위한 더 좋은 방법을 찾아보자."	• 학생들에게 반응을 위한 다른 대안들을 제시하여 즉각적인 피드백이나 통찰력을 제공하라. • 최고의 대안이 무엇인지 결정하기 전에 정보 수집의 중요성을 보여 주라. • 학생들에게 가장 큰 혜택을 주는 방법을 선택하기 전에 그들의 행동 과정을 성찰하고 분석하도록 하라. • 도전적인 과제를 시작하기 전에 긍정적인 관점을 가지는 것의 가치를 보여 주라.

언어적 도구와 개념 이해

설명

입력 단계에서, 언어 코드의 부재는…… 수집된 정보의 양과 질을 줄인다(Feuerstein et al., 1986, 3.7).

학생은 개념을 이해하는 데 어려움을 겪고 있다.

정확하고 정밀한 언어 도구 이해	언어 도구 이해 손상
정확하고 정밀한 언어 도구 이해는 다음과 같은 능력을 말한다. • 입력되는 정보를 해석하기 위해 개념과 관련 단어를 이해한다. • 정보를 받아들이는 도구로서 언어를 사용한다. • 사회적 상호작용에서 합리화와 의사소통을 위한 시스템으로서 언어를 사용한다. • 어휘, 단어, 문장 구조(문법)에 대한 지식이 필요한 언어, 의미(의미론), 사회 및 문화적 맥락(화용론)을 듣고 해석(과정)한다.	언어 도구와 개념 이해가 손상된 학생은 다음과 같을 수 있다. • 학생의 듣기가 정상인데도 불구하고 구어를 부정확하게 듣고 해석한다. • 지시와 질문을 잘못 해석한다. • 들어오는 언어의 해석을 방해하는 빈약한 이해력을 가지고 있다.

다양한 경우	사례
사물이나 개념을 설명하는 구체적인 언어 도구가 없으면 입력 단계에서 자료 수집의 효율성에 영향을 줄 것이다. 정교화 단계에서, '반대' '비슷한' '다른' 등의 이해가 부족하면 더 복잡한 추상적인 과제에 관해서 생각하고 해결하는 능력을 손상시킬 수 있다. 출력 단계에서, 불충분한 언어적 표현은 통찰, 아이디어, 해답, 그리고 해결책의 소통을 손상시킨다.	만약 학생이 교실에서 사용되는 어휘를 이해하지 못하면, 학생은 정보를 해석할 수 없을 것이다. 만약 학생이 모양에 이름을 명명할 수 없다면(예: 사각형 대 삼각형), 분류하는 것이 어려울 것이다.

전략	
예제	손상된 언어적 기술을 교정하는 전략
〈유능감〉 교사는 과제를 학생들의 언어 능력 수준에 맞춘다. "이것을 더 간단하고 더 짧은 방식으로 바꾸어 말해 보자."	• 교육 언어에서 학생들의 역량을 결정하라. 그리고 제2외국어로서의 모국어 및/또는 영어를 수용하라. • 언어 발달을 증진시키기 위해 학생들의 수준보다 조금 더 높은 수준의 언어를 사용하라. • 다른 방법으로 언어를 바꿔 말하라. • 자료의 길이와 복잡성을 줄이라(예: 더 짧게, 더 간단하게 만들라). • 언어적 정보를 설명하고, 강화하고, 그리고 정교화하기 위해 구체적 도구(예: 삽화, 도표, 드라마, 카드, 영화, 지도, 그래프)를 제공하라.
〈초월〉 교사는 학생들의 환경으로부터 사례를 사용하여 개념을 강화한다. "너의 침실에서 침대보다 더 큰 다섯 가지를 말해 봐."	• 학생들에게 표들을 이용한 개념과 모델을 위한 구체적이고 정확한 표들을 제공하라. • 개념들을 학생들의 일상의 경험과 연결하라. • 정보 혹은 자료를 발표하는 동안 활발한 토론을 격려하라. • 새 단어들을 학생들이 알고 있는 어휘와 연결하고, 그것들을 다양한 문맥 속에서 단어들의 의미에 관해서 생각하도록 격려하라.
〈의미〉 교사는 언어를 의미 있게 사용하도록 격려한다. "어느 마녀가 그 마녀죠?"	• 정보는 나이와 문화에 적절하고 의미 있는 맥락에서 제시되어야 하는 것을 분명하게 하라. • '적극적인 경청' 기술(예: 의미를 위한 경청)을 개발하라. • 언어 이해 기술(예: 범주, 유사성 및 모호성)을 개발하라.

공간 개념의 이해

설명

공간과 시간 개념은 우리의 지각을 정의하기 위해 필요하다. 지각의 독특성은 대상 혹은 사건을 시간과 공간의 매트릭스 안에 주입함으로써 제공된다(Feuerstein et al., 1986, p. 83).

학생은 길과 방향을 설명하는 데 어려움을 겪고 있다.

공간 개념이 잘 발달된 이해	공간 개념이 손상된 이해
공간 개념이 잘 발달된 이해는 다음과 같은 능력을 말한다.	공간 개념이 손상된 이해를 하는 학생은 다음과 같을 수 있다.
<ul><li>대상이나 사람이 공간에 물리적으로 어떻게 자리를 차지하고 있는지 이해한다.</li><li>자신을 다른 사람들이나 대상과 관련하여(즉, 개인적 참조 체계를 형성하기) 정확하게 위치시킨다.</li><li>대상이나 사람들 간의 관계를 평가한다.</li><li>공간에서 위치를 묘사하는 표식(예: 왼쪽과 오른쪽)을 사용한다.</li></ul>	<ul><li>대상들 간에 위치와 관계를 적절하게 설명하기 위한 표식(예: 앞에, 위에, 밖에, 안에)이 부족하다.</li><li>설립된 개인적 공간 참조 체계(즉, 왼쪽 및 오른쪽)가 없다.</li><li>개인적 공간의 상대성을 받아들이는 데 어려움(예: 내 왼쪽이 당신의 오른쪽일 수 있다)을 경험한다.</li><li>공간의 사용을 효율적으로 그리고 적절하게 계획하는 능력이 부족하다.</li><li>방향 설정을 말로 설명하는 것보다 물리적으로 보여 주고 가리키는 것이 필요하다.</li><li>공간에서 신체 부분들을 조정하는 것이 어렵다.</li><li>공간에서 정신적으로 자신을 설정하는 것에 어려움이 있다.</li></ul>

다양한 경우	사례
입력 단계에서, 공간 방향은 개인이 물체와 사람 사이의 관계를 정확하게 인식하고 자리 잡게 한다. 이것은 정교화 단계에서 공간 관계를 조작할 수 있게 해 준다. 출력 단계에서, 이러한 관계는 보편적으로 이해되는 방식으로 전달된다.	공간 개념에 대한 이해가 부족한 학생은 어떻게 그곳에 가는지를 설명하는 것보다 특정한 장소를 가리키거나 자신이 직접 안내하는 것을 선호할 것이다.

전략	
예제	공간 개념의 손상된 이해를 교정하는 전략

〈의도성과 상보성〉 교사는 공간을 경험하는 기회를 제공한다.
 	
"단순한 사이먼이 말한다. '손을 머리에 올리고, 오른쪽으로 점프……'"
	• 다음과 같은 공간 개념과 언어의 사용을 권장하는 게임에 학생들을 적극적으로 참여시키라.
	  – 숨겨진 과자를 찾기 위한 언어적 지시
	  – 보물 찾기 지도 읽기
	  – 요트 코스 도표 작성
	  – 히말라야 산맥을 통과하는 길을 설계하기
	• 길과 위치를 설명하기 위한 다른 방법을 사용하기(예: 지도 만들기, 도표 만들기, 설계하기)

〈초월〉 교사는 아이디어를 확장한다. "어느 정당이 중도 우파이고 어느 정당이 좌파일까?"	• 왼쪽 및 오른쪽의 개인 참조 체계의 사용을 안정적인 남북 체계와 비교하라. • 공간과 모양이 어떻게 관련되었는지 그 이해를 확장하라(예: 3차원 객체에서 기하학, 원근법). • 학생들이 무한대, 음수, 우주 그리고 상대성 같은 개념들을 탐색하는 데 도전하도록 하라. • 공간을 일반적인/물리적인 사용으로부터 비유적인 사용으로 연결하라(예: '위쪽으로 이동'과 같은 관용구에서부터 정치적 '좌파'와 '우파'가 무엇을 의미하는지 이해하는 것, 다양한 주제에 대한 다른 '관점들'을 분석하는 것까지). • 공감의 발달과 다른 사람의 눈을 통해 사물을 보는 능력을 격려하라.

〈자기 규제와 행동 통제〉 교사는 학생이 자신의 자원을 의지하도록 격려한다. "식료품점에 어떻게 가는지 너만의 지도를 그려라."	• 학생들이 들어오는 정보를 해석하는 데 있어서 교사의 조언을 무조건적으로 의존하는 것보다 독립적으로 작업할 수 있는 자신감을 고양시키라. • 왼쪽과 오른쪽을 구분하는 구체적이고 개인화된 방법을 제공하라(예: 주먹을 쥐라고 요청받으면, 일반적으로 주로 사용하는 손으로 그것을 할 것이다. 즉, 오른손잡이는 오른손을 쥐게 될 것이다). • 학생들에게 어른을 동네 가게, 학교 등으로 안내하고 지시하는 책임을 부여하라(예: 물리적으로 지시하기, 구두로 지시하기 또는 지도 그리기).

시간 개념의 이해

설명

시간은 추상적인 요소이고 대표적인 관계적 사고를 필요로 한다. 그리고 시간은 주문, 요약, 비교 및 연속의 필요에 의해 특징지어진다. 이 모든 것들은 근본적으로 개인의 의지적인 행동에 의해서 만들어져야 한다. (Feuerstein, 1980, p. 84)

학생은 시간에 대해 혼란스러워한다.

시간 개념이 잘 발달된 이해	시간 개념이 결여 혹은 손상된 이해
시간 개념이 잘 발달된 이해는 다음과 같은 능력을 말한다. • 사건들의 연속성 및 순서를 이해한다(예: 정확한 연대기적 순서에 있어서 일련의 사건들을 회고하기). • 시간의 단위들이 어떻게 조직되고 합산되는지 이해한다(예: 시간, 날, 주, 월, 년). • 의미를 얻기 위해 시간 개념들을 동시에 비교한다(예: '전' 대 '후'). • 과거가 현재에 어떻게 영향을 미치고 있는지 그리고 현재의 행동이 미래에 어떤 결과를 가져올지 이해한다(즉, 원인과 결과). • 행동을 통제하고 시간을 효과적으로 조직하기 위해서 과거 경험이나 미래 예측을 활용한다.	시간 개념이 없거나 손상된 이해를 경험하는 학생은 다음과 같을 수 있다. • 시간표, 달력 혹은 플래너를 이해하지 못하고 사용하지 못한다. • 스케줄을 지키지 못한다(예: 너무 빨리 혹은 너무 늦게 준비할 것이다). • 문맥을 벗어나서 사건을 인식한다(예: 원인과 결과를 연결할 수 없을 것이다). • 행동이나 사건의 결과를 이해하지 못해서 문제 행동이 명확해진다. • 만족을 지연시킬 수 없고 행동에 대한 즉각적인 보상(혹은 처벌)을 기대할 것이다. • 학생은 시간에 체계적이지 않기 때문에 혼란스럽다. • 체계적인 탐구 행동을 드러내지 못한다(예: 잃어버린 물건을 찾기 위한 단계들을 되짚어 간다).

다양한 경우	사례
시간의 개념은 추상적이고 사건의 연속적 이해를 요구한다. 그러므로 입력 단계에서 시간 개념의 제한된 이해는 정교화 단계에서 빈약한 계획과 정보의 조직화 결과로 이어질 것이다. 출력 단계에서, 학생들은 자발적으로 그들의 일상 활동을 구성하지 못하는 것으로 나타날 것이다.	어린 학생은 '오늘'이 '어제'가 되고 그리고 '내일'이 '오늘'이 되는 것을 이해하지 못할 수도 있다. 이것은 '내일은 결코 오지 않는다'는 느낌의 좌절감을 초래할 수 있다.

전략	
예제	시간 개념의 손상된 이해를 교정하는 전략
〈의미〉 교사는 학생들이 시간을 의식하도록 돕는다. "너는 잃어버린 시간을 만회할 수 없어."	• 시간의 개념과 낮/밤, 아침/오후, 전/후, 일/주, 월/년 같은 시간의 단위에 대한 이해를 증진시키라(예: 빛이나 어둠 혹은 계절에서의 변화의 시간들을 점검하라). • 처음/마지막, 이른/늦은 같은 시간의 어휘를 학생들이 이해하는 연습을 하게 하라(예: 이야기 줄거리를 공부하라). • 학생들이 정리 및 순서 정보의 가치를 발견하도록 도우라(예: 역사 시간표를 사용하라).
〈자기 규제 및 행동 통제〉 교사는 원인과 결과의 사례를 제공한다. "너는 버스 시간에 늦었기 때문에 현장 학습을 놓쳤다."	• 학생들이 시간을 효과적으로 관리하도록 도우라(예: 연간 플래너, 달력, 시간표, 알림장). • 행동의 결과를 보여 주기 위해 원인과 결과의 관계를 토론하라. • 학생들이 활동을 계획하고 구체적인 제한된 시간 안에서 과제를 성취하도록 격려하라. • 학생들이 통제되고 체계적인 단계별 방법을 사용하여 문제를 해결하도록 격려하라.
〈소속감〉 교사는 학생들을 위해 명확하게 설명해 준다. "너의 아버지의 아버지는 너의 할아버지이고, 그분은 1910년에 태어나셨다."	• 시간 이해가 나머지 가족들과 비교하여 학생의 위치를 설정하는 데 있어서 중요한 방식들을 탐구하라. • 우리가 속한 다양한 문화에서 시간이 다르게 인식되는 방식들을 토론하라(예: 사막을 배회하는 유목민 소년 대 대중교통을 잡는 도시 소년). • 시간과 시간표가 우리의 가족과 사회 행동에 어떤 영향을 미치는지 보여 주라. • 시각표를 사용하여 역사에서 학생들의 위치를 파악하라. • 가계도, 인생 곡선, 그리고 사진 앨범을 조사하여 시간이 지남에 따라 개인적 관계와 관계의 변화를 성찰하라.

보존 능력

설명

　항상성을 유지하는 것은 속성과 규모의 일부에서 변화가 있더라도 대상의 불변성을 보존하는 개인의 능력이다(Feuerstein, 1980, p. 85).

학생은 양의 불변성을 이해하지 못했다.

잘 발달된 보존 능력	손상된 보존 능력
잘 발달된 보존 능력의 학생들은 다음을 할 수 있다. • 주변 크기나 방향에서는 변화가 있지만 사건이나 물체의 핵심적인 속성은 동일하게 남아 있다는 것을 인지한다. • 그 속성이나 외현의 변화에도 불구하고 대상을 확인한다(예: 옷이나 표현에서 변화가 있지만 사람은 그대로 있다). • 반전이 될 수 있는 프레젠테이션에서의 변형에 의해 차이가 발생하고 그리고 대상의 정체성은 동일하게 유지되는 것을 이해한다(공 모양으로 굴려지든지 소시지로 만들어지든지 간에 찰흙의 본질은 그대로 남아 있다(양은 그대로이고 형태는 다르다)].	손상된 보존 능력을 경험하는 학생은 다음과 같을 수 있다. • 수의 보존과 가역성에 대한 이해가 부족하다(예: 3+2=5와 2+3=5가 같다는 것을 알지 못한다). • 연결을 하지 못하거나(일시적 현실 파악) 혹은 추상적으로 일반화하지 못하고 사물의 즉각적인 외견에만 집중하는 경향이 있다(예: 유리잔은 위에서 보면 원처럼 보이지만 옆에서 보면 실린더처럼 보인다). • 특정 지각 단계(예: 비스듬히 놓인 사각형은 다이아몬드 모양과 혼동될 수 있다)나 특정 개념 단계(예: 말티즈와 그레이트 데인은 둘 다 개라고 여겨지지 않을지도 모른다)에서 공통점과 차이점을 인식하는 데 어려울 수 있다. • 어떤 관련 특성이 보존되는지 확인하지 못할 수 있다(예: 납 1kg은 깃털 1kg보다 무거운가?).

다양한 경우	사례
보존 능력이 입력 단계에서 손상되면(몇 가지 차이점에도 불구하고 공통점을 볼 수 없다면), 학생은 정교화 단계에서 목록을 형성하는 데 어려움을 겪을 것이다(공통점으로 조직화하기). 이것은 출력 단계에서 부정확한 반응으로 귀결될 것이다.	모양이 다른 같은 양의 두 용기가 주어졌을 때, 학생들은 용기의 외관이 다른 데도 불구하고 그것의 양은 동일하다는 것을 이해하지 못할 수 있다.

전략	
예제	손상된 보존 능력을 교정하는 전략
〈의미〉 교사는 양의 보존을 촉진시킨다. "이 공들을 가능한 한 많은 다른 집단으로 배열하라. 공의 개수는 그대로인가?"	• 학생들이 구체적인 자료들을 조작하게 하여 자기 학습을 하게 하라(예: 측정 막대, 퍼즐, 저울, 블록, 소상용 찰흙). • 저울로 무게의 보존을 위한 구체적인 경험을 제공하라(예: 학생들에게 저울의 왼쪽 편에 있는 두 개의 작은 콩 주머니가 오른쪽 편에 있는 큰 콩 주머니와 무게가 같은지 질문하라). • 학생들의 주의를 항상성과 변화 그리고 체중, 크기, 모양에서의 유사점과 차이점에 집중하도록 말로 지시하라.
〈개별화〉 교사는 창의적인 해석을 격려한다. "이 문제는 얼마나 많은 다른 방법으로 해결될 수 있을까?"	• 개인이 나이, 신체적 외모, 태도, 가치, 경제적 지위, 사회적 위치에서의 변화에도 불구하고 동일하게 유지되는 것을 탐색하라. • 개인이 사회에서 차지하는 역할에서의 차이에도 불구하고 개인의 가치를 어떻게 유지하는지 토론하라. • 학생들이 다른 방식으로 표현되는 대답에 공통적인 개념을 발견하도록 도전하라. • 학생들이 문제를 해결하고 종이비행기를 만드는 방법 등을 가능한 많은 방법으로 시연하도록 하라.

〈초월〉 교사는 질 보존의 적용을 격려한다. "25센트 동전 4개와 1달러 중 어느 것이 더 많은가?"	• 과제를 매일의 삶과 연결하라(예: 동전의 크기에서 변화가 있더라도 돈의 가치는 그대로이다). • 액체 및 고체 측정을 실험하라(예: 설탕 8온스는 한 컵과 같다). • 항상성의 보존이 다른 상황들에서 어떻게 사용될 수 있는지 입증하라(예: 학생에게 뉴욕에서 샌프란시스코까지의 거리가 사람이 타고 있는 차량의 속도에 따라 달라지는지 확인하는 방법을 질문하라). • 미술의 원근법으로 혹은 동일한 문제를 다른 각도에서 보도록 연결하라(예: 어떤 편견이 있더라도 어떤 사안의 사실들은 변하지 않는다).

자료 수집하기

설명

　정확성을 향한 역동성은 일반적인 욕구에 기초한다…… 그것은 아이와 그의 인간적인 환경 간의 아주 이른 상호작용 과정에서 다양한 전략에 의해 확립된다(Feuerstein, 1980, p. 87).

학생은 자료를 정확하게 수집하지 않았다.

정확하고 정밀한 자료 수집하기	손상된 자료 수집하기
정확하고 정밀한 자료 수집에 대한 요구는 다음을 필요로 한다. • 정보를 수집함에 있어 정확하고 정밀해야 하는 본질적인 필요성을 개발한다. • 필요성이 개발되면 문제의 정확한(적절한 또는 올바른) 처리와 관련된 항목만 선택한다. • 경제적이고 효율적인 정보 취득을 위해 정확한 어휘(명쾌하게 진술되고 구체적인)를 사용한다.	손상된 자료 수집을 보이는 학생은 다음과 같을 수 있다. • 정보를 수집할 때 정확하고 정밀한 것의 중요성을 이해하지 못할 수 있다. • 정확(적절한 혹은 옳은)하지도 않고 정밀(명쾌하게 진술되고 구체적인)하지도 않은 일을 만드는 경향이 있다. • 불완전하거나, 너무 상세하거나, 논리적인 형식이 부족하거나, 중요한 점을 놓친 작품을 제시한다. • 자료가 누락되었는지 아니면 왜곡되었는지 평가할 수 없다. • 선생님의 구체적인 지시와 자원에 의존하며, 자신의 저장된 정보나 이전 경험을 끌어낼 수 없다. • 필요성이 개발되었음에도 불구하고 다양한 출처에서 정보를 찾고 추출하는 기술이 부족할 수 있다.

다양한 경우	사례
입력 단계에서, 자료 수집의 지각적 어려움과 자료 수집에서 정확하고 정밀해야 할 필요성의 불완전한 발달 사이에 차이가 있을 수 있다. 정교화 단계에서, 이것은 비교의 부정확성과 같은 인지 과정에 영향을 미칠 수 있다. 출력 단계에서, 이것은 개념들을 명쾌하게 소통하는 능력에 영향을 준다.	교실에서 학생 한 명이 실수를 했을 때, 학생은 정확성과 정밀성을 위한 일을 확인하는 본능적 필요의 결핍으로 그러한 사실을 인지하지 못할 수도 있다.

전략	
예제	손상된 정보 수집을 교정하는 전략
〈의미〉 교사는 실수의 근원을 명확히 한다. "다음의 세부 사항이 적절하지 않았기 때문에 너는 마지막 에세이에서 D를 받았다."	• 정보를 수집할 때 정확하고 정밀하게 함으로써 얻어진 혜택을 분명히 하라(예: 시간과 단어의 경제적인 사용은 다른 사람들이 메시지를 더 잘 이해하는 데 도움이 될 것이다). • 질문의 정확한(옳은) 해석과 정밀한(명쾌하게 진술된) 해답 간의 차이를 설명하라(예: 에세이는 에세이의 맥락에서 핵심을 놓치거나 부정확하게, 정밀하게 진술된 많은 사실들을 포함할 수 있다).
〈초월〉 교사는 세부적인 것에 대해 정확한 주의를 강화한다. "이 행사를 성공적으로 이끌기 위해 여러분 각자가 무엇을 해야 하는지 검토하라."	• 정확성과 정밀성이 인간 지식의 전반적인 확장에 어떻게 도움을 주었는지 토론하라(예: 주의 깊은 과학적 실험과 관찰). • 정확한 의사소통과 정밀한 계획에 의해 오해를 어떻게 피할 수 있었는지 보이라. • 모든 중요한 면들이 미리 고려되었기 때문에 주의 깊은 계획이 행사의 즐거움을 어떻게 증가시켰는지 설명하라(예: 파티에서 모든 사람들이 필요로 하는 음식 공급). • 세세한 것을 간과하는 것이 혼돈과 심지어 죽음을 초래할 수 있는 큰 영향을 미칠 수 있는지를 설명하라.

〈자기 규제 및 행동 통제〉 교사는 실수의 결과에 주의를 기울인다. "네가 지난번에 그랬던 것처럼 초대에 관해 a.m.과 p.m.을 혼동하지 않도록 주의해라."	• 자료 수집을 취득하고, 점검하고, 확인할 수 있는 전략을 설명하라(예: 정확성과 정밀성을 성취하기 위한 전략을 위한 요구를 발전시키라). • 학생들이 그들의 행동에 대해 책임을 질 수 있도록 격려하라(예: 케이크를 만드는 데 있어서, 계피 2티스푼 대신 2테이블스푼을 사용하는 결과를 경험하게 하라). • 자세한 주의의 결핍과 지시의 오해로 인해 실수들이 발생할 때 피드백을 주어 상호 간의 필요를 개발하는 것이 정확하고 정밀해야 한다.

둘 이상의 정보 출처를 고려하라

설명

둘 이상의 정보 출처를 사용하는 것은 사고의 전제인데 그 이유는 모든 관계된 사고 과정의 근거이기 때문이다(Feuerstein, 1980, p. 88).

이 퍼즐 조각은 색깔은 맞지만 모양은 틀리다.

학생은 둘 이상의 정보 출처를 고려할 필요가 있다.

둘 이상의 정보 출처를 고려하는 능력이 잘 발달	둘 이상의 정보 출처를 고려하는 능력이 손상
둘 이상의 정보 출처를 고려할 수 있는 능력이 잘 발달된 것은 다음을 나타낸다. • 둘 이상의 정보 출처를 동시에 생각한다(예: 그림 조각 퍼즐을 완성할 때는 색깔, 형태 및 크기를 고려한다). • 다양한 출처로부터 자료를 수집한다(예: 역사 프로젝트를 위해 자원으로 교사, 전문가 그리고 도서관을 언급한다). • 다른 관점에서 문제를 인식한다. • 상황들 사이의 관계, 관련성 혹은 연결을 보기 위해 상황들의 한 가지 측면 이상을 점검한다. • 문제가 나타날 때마다 비교를 위해 자료의 출처로 두 개 이상의 요소들을 사용한다(예: 식사를 계획할 때 영양과 가용성을 고려한다).	둘 이상의 정보 출처를 고려할 수 있는 능력이 손상된 경험을 가지고 있는 학생은 다음과 같을 수 있다. • 다양한 크기 혹은 대안 중 하나에만 집중하고 고려하는 경향이 있다. • 숙제를 완성하거나 혹은 문제를 해결하기 위해 필요한 정보의 일부만 생각한다. • 과제를 완수하기 위해 필요한 모든 사실들을 상기할 수 없다. • 일관성이 없는 정보의 조각들을 상기해서 의미 있는 전체로 만들기 위해 그것들을 함께 조립할 수 없다. • 자기 중심적 행동에 빠진다(즉, 자신의 관점으로만 무언가를 보고, 다른 견해를 수용하는 데 어려움을 겪는다).

다양한 경우	사례
둘 이상의 정보 출처의 부족 또는 사용 손상은 입력 단계에서 결함이다. 이것은 정교화 단계에서 많은 인지 과정에 영향을 줄 것이다(예: 종합, 비교, 가설 사고). 이것은 결국 출력 단계에서 과도한 시행착오 행동과 다차원적 형태로 문제를 제시할 수 없는 결과를 초래할 것이다.	사실들의 일부에만 집중하고 전체를 보지 못하는 학생은 스토리 문제 혹은 복잡한 수학 문제에서 정확한 해답에 도달할 수 없을 것이다(예: 방향, 이동 및 시간을 모두 동시에 고려해야 할 때의 속도 계산).

전략	
예제	둘 이상의 정보 출처를 고려하는 손상된 능력을 교정하는 전략
〈의도성과 상보성〉 교사는 학생들에게 두 가지 정보 출처를 고려해야 한다고 주의를 준다. "이 그래프를 정확하게 그리기 위해서, 우리는 x와 y 값을 고려해야 한다."	• 학생들에게 다양한 자원을 사용하는 작업을 제공하라. • 자극에 대한 노출을 연장하여 다양한 정보 출처를 더 의식하게 하라(예: "네가 보는 것에 관해서 나에게 또 다른 것을 말해줄 수 있니?"라고 말하라). • 학생들이 다양한 종류의 입력을 의식하고, 주의를 기울이도록 격려하라(예: 청각, 시각, 촉각). • 더 많은 정보 출처를 찾을 수 있도록 명확한 지시를 하라. • 고려될 필요가 있는 관련된 요인들 모두를 강조하라(예: 밑줄 긋기, 단어를 확대하기, 밝은 색들).
〈의미〉 교사는 모든 적절한 정보를 사용함으로써 실수들을 어떻게 피할 수 있는지 보여 준다. "그것은 해답의 유일한 부분이다. 결과를 예상하기 위해 우리가 고려해야 하는 또 다른 것은 무엇일까?"	• 둘 이상의 정보 출처가 고려될 때 상대적 사고가 어떻게 일어나는지 보여 주라(예: 가난한 사람은 구걸하는 사람과 비교하면 부자로 여겨진다). • 불충분한 답을 위해 피드백을 제공하라(예: "너는 몇 가지 정보를 빠뜨렸다. 그것이 무엇인지 생각할 수 있을까?"). • 모든 자료를 충분히 고려할 필요가 있다는 통찰력을 제공하라(예: "성급하게 결론을 내리지 마라"). • 모든 문제 해결이 다양한 선택들을 고려한 것에 어떻게 기반하는지를 설명하라(예: 결단의 장점과 단점을 고려하기).

〈초월〉 교사는 기술을 관련된 상황에 연결한다. "살인 사건을 해결하는 탐정은 모든 단서를 정리할 필요가 있다. 어떤 상황에서 우리는 많은 측면을 고려해야 할까?"	• 어떤 것도 고립되어 작용하지 않고 항상 변수들 사이에 관계가 그려질 수 있다는 것을 보이라(예: 먹이 사슬의 연결은 많은 환경적 요인들의 영향을 받는다). • 자료의 출처로 두 요소를 비교해야 하는 문제 해결 실습을 제공하라(예: 선택지가 포함된 객관식 문제). • 학생들이 공감을 발달시키기 위해 논란이 되는 문제를 다른 관점으로 토론하도록 격려하라. • 둘 이상의 정보 출처를 고려하는 것이 필수적일 때 학생들이 가능한 한 많은 사례들을 생각하도록 자극하라(예: 배심원의 의무).

작업 페이지

다음의 입력 역기능을 명확히 하기

1. 사물 혹은 사건의 순서를 정하는 것에 대한 어려움

_____

2. 질문이나 지시가 완료되기도 전에 반응하기

_____

3. 상황을 부정확하고 불완전하게 지각하기

_____

4. '위' '아래' '옆' '앞' '오른쪽' '왼쪽'과 같은 개념을 혼동하기

_____

5. 과거 혹은 미래 사건에 드물게 혹은 부정확하게 참조하기

_____

6. 언어적 지시를 따르는 능력이 없음

_____

7. 다른 모양으로 만들 때 동일한 양의 찰흙을 인식하는 능력이 없음

_____

8. 청각적 입력에만 반응하고 시각적인 것은 무시하기

_____

작업 페이지

인지 역기능 일치시키기

학생은	다음의 역기능이 보인다
1. 첫 번째 그리고 대부분의 분명한 자극에 미숙하게 반응하고 과제에 체계적으로 접근하는 자기 통제력이 부족하다.	a. 둘 이상의 정보의 출처를 사용하는 능력이 손상
2. 구두로 의사소통되는 지시의 이해에 어려움을 겪고 있다.	b. 손상된 보존 능력
3. 공부 시간표를 따르는 데 어려움이 있다.	c. 모호하고 포괄적인 지각
4. 열과 열을 적당한 세로줄에 정렬하는 데 어려움이 있다.	d. 충동성
5. 필요하고 관련된 모든 세부 사항에 명확하게 집중하는 시간을 가지지 못한다.	e. 손상된 정확성 욕구
6. 객관식 문제의 모든 답을 고려하는 데 어려움이 있다.	f. 손상된 공간 개념
7. 축에서 회전하는 정사각형이 여전히 정사각형임을 인식할 수 없다.	g. 손상된 시간 개념
8. 질문에 답을 할 때 근사치를 사용하고 특정 차원을 왜곡한다.	h. 손상된 언어적 기술

제15장

정교화

만약 학생의 사고에 관해서 다음과 같이 언급하는 것을 우연히 듣는다면, 그 학생은
사고 과정의 정교화(elaboration) 단계에서 어려움을 겪고 있을 것이다.

- "너는 문제를 파악하지 못하고 있구나."
- "오래된 규칙을 새로운 사례에 적용해라."
- "우리가 어제 배운 전략을 기억해라."
- "너는 중요한 단서를 놓쳤어."
- "얼마나 많은 사례를 발견했니?"
- "계산기를 사용하지 말고 그것을 풀어 보도록 노력해라."
- "여기 무엇이 비슷하고 무엇이 다른지 보자."
- "너는 아직 너의 가설을 검증하지 않았어."
- "너의 진술을 논리적으로 설명해라."
- "그 두 항목 간의 연결을 보도록 노력해라."
- "너는 그 자료를 정교화하거나 확장하지 않았어."
- "너는 그 에세이를 아주 잘 계획하지는 않았어."

정교화 단계

인지적 결핍은 감정적 및 동기적 요인들로 상호작용하여 아이들의 학교생활을 실패로 만들 수 있다. 그러나 불충분한 중재학습에서 초래된 아이의 결함의 정확한 특성은 기능 저하에 대한 총체적 서술에 대한 교사들과 심리학자들의 선호에 의해 혼동되기 쉽다. 포이에르스타인은 개략적이긴 하지만, 사고의 행동과 이 행동에서의 전형적인 결핍의 위치를 파악하려고 했고, 아이의 지적 문제의 근본 원인을 진단하려고 시도했다. 그러나 아주 작은 장애도 인지 구조의 다른 부분에 대한 연쇄 효과 때문에 아이들의 사고 과정에 매우 중요한 영향을 줄 수 있다. 정확할 수 없는 아이는 효과적으로 비교할 수 없고, 그래서 분류하고, 범주화하고, 유추하고 그리고 결론을 짓는 능력에 영향을 준다(Sharron, 1987, p. 56).

정교화 단계는 사고 과정에서 두 번째 단계이고 자료가 수집되는 입력 단계와 해답이 소통되는 출력 단계와 연결된다.

정교화 단계에서 수집된 정보는 처리된다. 일이 끝나고, 일이 착수되고 그리고 문제가 해결되는 단계가 정교화 단계이다. 예를 들면, 입력 단계에서 들어온 정보는 출력 단계에서 표현될 수 있는 해답이나 산출물로 도달하기 위해서 분류되고, 조직화되고, 분석되고, 검증된다.

정교화 단계에서 어려움을 겪는 학생은 문제가 존재할 때 볼 수 없으며 문제를 해결하기 위한 적절한 단서들을 사용하는 데 실패할 수 있다. 그 학생은 사물들을 자동적으로 비교할 수 없거나, 항목을 더할 수 없거나, 혹은 새로운 정보와 관계를 맺고 연결하기 위해 이전에 배운 것을 사용하지 못할 것이다. 그/그녀는 능력이 부족하거나 자신의 관점을 위해 사회적 이유를 대거나 혹은 일들에 관해서 가설적으로 생각할 필요가 있을 수 있다. 그러한 학생은 자발적으로 가설을 만들거나 그것들을 검증할 수 없을 것이다. 이 학생은 아이디어를 조직하지 못할 것이고 확장하거나 정교화하지 못할 수 있다. 본질적으로, 정교화 단계에 어려움을 겪는 학생은 사물들을 분리되고 격리된 것으로 인식하고, 사물과 사건 간의 연결을 만드는 데 실패한다.

이 장은 사고의 정교화 단계에서 그러한 문제들을 다룬다. 각 역기능을 확인하는 방법에 대한 자세한 설명이 제공되고, 포이에르스타인의 중재 기준을 사용하여 역기능을 교정하기 위한 제안들이 있다.

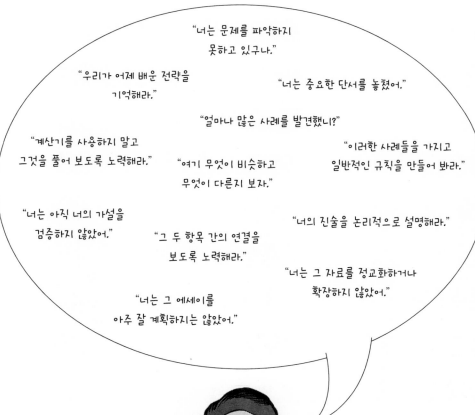

이 표를 사용하여 교실 그림에서 각 아이의 인지 역기능을 식별하라.

정교화	
기능	역기능
문제의 정의	
정확한	부정확한
적절한 단서들을 선택하기	
능력이 있는	능력이 없는
자발적인 비교 행동을 하기	
능력이 있는	능력이 없는
정신 분야	
넓고 광범위한	좁고 제한적인
자발적인 종합 행동	
욕구가 있는	욕구가 손상된
가상 관계 계획하기	
능력이 있는	능력이 없는
논리적 증거	
욕구가 있는	욕구가 결여된
사건을 내면화하기	
능력이 있는	능력이 없는
추론-가설 사고	
사용할 능력이 있는	사용할 능력이 손상된
가설 검증 전략	
사용할 능력이 있는	사용할 능력이 손상된
행동 계획하기	
욕구가 있는	결여된
인지적 범주화의 정교화	
충분한	손상된
현실 이해	
의미가 있는	단편적인

문제의 정의

설명

문제가 존재한다는 것을 인식하기 위해서
는, 주어진 자료에서 다양한 정보 출처들 가운
데 먼저 관계를 설정해야 하고, 그런 다음 새롭
게 설정된 관계에서 불일치 혹은 양립할 수 없
는 것이 있다는 것을 알아야 한다(Feuerstein et
al., 1986, p. 3.10).

학생은 종종 명쾌하지 않다.

문제의 정확한 정의	문제의 부정확한 정의
문제의 정확한 정의는 다음을 할 수 있는 능력을 의미한다.	문제를 부정확하게 정의하는 학생은 다음과 같을 수 있다.
• 무언가 잘못되었고 관심을 필요로 한다는 것을 감지한다. • 문제를 만들었던 출처 혹은 차이를 명확히 한다(즉, 문제의 원인과 본질을 명확하게 인지하고 진술한다). • 문제에 영향을 주는 요인들을 진술하고 양립할 수 없는 것들을 명확히 한다.	• 정보의 출처 간에 양립할 수 없는 것을 파악할 수 없다(즉, 문제가 존재한다는 것을 인식하지 못할 수 있다). • 서툰 정보 수집 기술을 가지고 있어 사물들 간의 관계를 형성할 수 없고 그것들에 관해서 성찰적으로 생각할 수 없다. • 상황을 평가할 때 통찰의 결핍을 보여 준다. • 문제에 대해 민감하지 않고, 호기심이 결여되어 있다. • 상황에 반응하여 행동의 과정을 결정하는 데 어려움을 겪고 있다.

다양한 경우	사례
입력 단계에서 모든 기능에 능숙함은 정교화 단계에서 문제의 최초 정의에 도움이 된다. 이것은 어떤 상황에서 불균등하거나, 호환되지 않거나 또는 누락된 요소에 대한 인식이다. 즉, 불균형이다. 문제를 완전하게 이해하기 위해서, 계속해서 입력 단계로 돌아가야 할 필요가 있다 (예: 더 많은 자료를 모으기). 문제의 분명한 정의는 출력 단계에서 정확한 반응을 촉진시킨다.	문제를 경험하거나 정의를 내리는 데 있어서 충분하지 않은 학생은 과제에 직면했을 때 소극적으로 되는 경향일 수 있는데 그것은 무엇을 해야 할지 확신하지 못하기 때문이다. 이 학생은 독립적으로 일을 계속 할 수 없을 것이고, 종종 그 일을 다시 설명해 줄 것을 요청할 수 있고, 그리고 가르치는 개념을 적용할 수 없을지도 모른다.

전략	
예제	문제의 부정확한 정의를 교정하는 전략
〈의도성과 상보성〉 교사는 학생들을 위해 문제에 집중한다. "너는 여기서 무엇을 해야 한다고 생각하니?"	• 학생들이 그 문제를 어떻게 인식하는지 그들의 단어로 설명하도록 요구하라. • 모든 자료들이 정확하고 정밀하게 수집되었다는 것을 확실하게 하기 위해 입력 단계로 돌아가라. • 수동적인 학생들에게 활동과 관련되는 질문을 함으로써 호기심을 불러일으키라. • 학생들에게 일련의 상황에서 부조화를 식별해야 하는 문제들을 제공하라.
〈의미〉 교사는 불일치의 명확화를 격려한다. "문제를 해결하기 위해서 무엇이 필요한지 알 수 있겠니?"	• 자료를 비교하고, 연결하고, 조합하는 것이 어떻게 문제를 더 정확하게 정의할 수 있는지 보이라. • 비일관성을 식별할 수 있도록 약간의 정보들 간의 관계를 검색하고 형성하는 방법을 설명하라(예: 비교표, 범주화 목록). • 학생들이 문제를 일으키는 원인에 대해 인식하고, 문제를 예방하는 차원에서 가장 영향력이 있을 것 같은 요인들을 분리하도록 격려하라.
〈자기 규제 및 행동 통제〉 교사는 성찰적인 사고와 분석을 자극한다. "그 주장에서 결점은 무엇일까?"	• 학생들이 불일치 혹은 누락된 요소들에 대해서 질문하는 습관을 갖게 하라. • 논쟁에서 모순을 발견하는 실습을 제공하라. • 학생들이 상황을 체계적으로 분석하고 논리적으로 생각함으로써 문제를 정의하는 데 적극적으로 참여하도록 격려하라(예: 문제를 보다 더 작은 부분으로 쪼개기).

적절한 단서들을 선택하기

설명

적절한 단서들을 선택하는 것은 먼저 구체적인 목표를 정의하는 것이고, 이것은 그 사람의 집중과 각 정보의 관련성 정도를 결정할 것이다(Feuerstein, 1980, p. 91).

학생은 핵심적인 정보를 추출할 수가 없다.

적절한 단서들을 선택하는 능력	적절한 단서들을 선택하는 손상된 능력
적절한 단서들을 선택하는 능력은 학생들이 다음을 할 수 있다는 것을 의미한다. • 문제를 해결하는 데 필요한 정확하고 알맞은 정보를 선택하고 사용할 수 있다. • 문제를 정의하고 그리고 특정 목표를 달성하기 위해 특별이 관련이 있는 많은 단서들로부터 필요한 단서들을 선택할 수 있다. • 특정한 상황에서 유용한 측면을 결정할 수 있다. • 적절하지 않고 알맞지 않은 정보에 반하여, 적절하고 알맞은 정보 중에서 구별하기 위해 모든 선택들을 의도적으로 볼 수 있다.	적절한 단서들을 선택하는 능력이 손상된 학생은 다음과 같은 어려움을 가지고 있을 수 있다. • 본문의 요점 찾기 • 이야기의 교훈 추출 • 논쟁, 토의 혹은 토론에서 요점 고수하기 • 주장을 입증할 요점 찾기 • 차별과 관련 없는 대안을 제거해야 하는 문제해결(예: 객관식 답변, 단어 문제) • 검사와 시험을 위해 많은 양의 자료를 배우기

다양한 경우	사례
입력 단계에서 자료를 정확하고 정밀하게 수집하는 능력이 없으면 정교화 단계에서 문제를 정의하는 데 어려움이 있을 것이다. 문제가 명쾌하게 이해되지 않으면, 문제의 해결을 위한 중요하고 적절한 단서들을 선택하는 데 어려울 것이다. 이것은 출력 단계에서 오류를 초래할 것이다.	특정한 단서들을 제거할 수 없고 다른 사람들에게 선호도를 부여하지 못하는 학생은 토론에서 요점을 생략하고 문제를 해결하는 데 어려움을 겪을 것이다. 예를 들면, 만약 학급이 낙타에 관해 논의한다면, 그러한 학생은 자신의 개에 관한 이야기를 할 것이다. 혹은 여섯 가지 대안 – 크기는 모두 동일하지만 색깔과 모양에서는 다른 - 중에서 누락된 퍼즐 조각을 선택해야 하는 경우 그러한 학생은 다양한 대안들을 구별하지 못하기 때문에 크기가 적절하지 않다는 것을 알 수가 없을 것이다.

전략	
예제	적절한 단서들을 선택할 수 없는 능력을 교정하는 전략
〈의미〉 교사는 마인드맵의 사용을 권장한다. "한눈에 요점을 모두 보여 주는 마인드맵을 만들어라."	• '목적이 있는 지각'을 격려하라(즉, 적절하지 않은 항목들을 버리기 위해 적절한 기준에 따라 항목들을 비교하는 구체적인 목표를 가지고 항목들을 관찰하기). 예를 들면, 다음과 같다. 　- 적절한 기준에 따라 항목들을 비교하고 다른 것들을 모두 버리라. 　- 적절한 단서에 따라 항목들을 집단과 하위 집단으로 범주화하라. 　- 증가하는 크기 혹은 연대순에 따라 항목들을 조직하라. • 학생들에게 '왜' 그리고 '어떻게'라는 질문을 하도록 격려함으로써 본문의 핵심을 명확히 하도록 실습을 제공하라. • 학생들이 본문을 요약하는 데 있어서 마인드맵과 순서도의 가치를 발견하도록 도우라.
〈목표 계획하기〉 교사는 목표를 달성하기 위해 전략을 중재한다. "너의 목표를 달성하기 위해 네가 할 수 있는 모든 일들을 구체적으로 확인해라."	• 프로젝트를 시작할 때 학생들이 명확한 목표를 설정하도록 격려하라. 그러면 그것은 더 구체적인 목표에 주의를 집중하게 도울 것이다. • 학생들이 자신의 목표를 그들의 언어로 설명할 수 있도록 도전하게 하라. 그러면 그것은 사고를 명쾌하게 하도록 도울 것이다. • 학생들이 관련된 단서들을 선택하는 체계를 설정하기 위해 목표를 달성하는 데 관련된 단계를 식별하도록 도우라.
〈자기 규제 및 행동 통제〉 교사는 체계적인 접근법을 격려한다. "네가 문제를 해결하는 데 어떤 단서가 도움이 될까?"	• 학생들이 활동을 시작하기 전에 과제의 요구사항을 반드시 이해하도록 하라(예: 글쓰기를 시작하기 전에 에세이 주제를 정의하기). • 교차 검사 습관을 갖도록 도우라(예: 수학 연습을 진행하기 전에 적절한 정보가 모두 축적되었는지 확인하기). • 충동 조절 필요성을 강화하고 바로 과제에 돌입하지 않도록 하라(예: 글을 읽거나 혹은 이해력 연습을 할 때, 학생들은 읽기 전에 각 절의 요점을 이해해야 한다).

자발적인 비교 행동을 하기

설명

자발적인 비교 행동은…… 보다 높은 인지 과정의 가장 기본적인 구성요소 중의 하나이며, …… 개인이 그의 즉각적인 인지 경험을 초월하고 관계를 형성하게 한다 (Feuerstein, 1980, p. 39).

나는 이 둘 중에 어느 대안을 선택할지 결정할 수 없어.

아이가 자발적으로 비교하는 능력이 없으면 의사결정이 어렵다.

자발적인 비교 행동을 하는 능력	자발적인 비교 행동을 못하는 능력
자발적인 비교 행동을 하는 능력은 학생이 다음을 할 수 있다는 것을 의미한다. • 목표와 사건들을 쉽게 인지하는 것에서 그것들 간의 관계 설정까지 이동한다. • 과제와 문제에 접근할 때 자동적으로 비교한다. • 항목들 간에 유사점과 차이점을 자동적으로 찾는다. • 별개의 정보 단위들을 서로 관련된 의미 있는 시스템으로 조직하고 통합한다. • 문제에 맞도록 비교 기준을 역동적으로 사용하고 수정한다.	자발적인 비교 행동을 못하는 학생은 다음과 같다. • 항목들은 분리되어 보이고 서로 간에 관계가 없는 '단편적인 현실 이해'를 한다. • 두 항목들을 비교하는 데 어려움을 겪는다(예: 둘 사이에 연결을 언급하지 못하고 한 항목 혹은 두 항목을 개별적으로 설명할 것이다). • 즉석 연설에서 'similar(비슷한)' 'like(같은)' 'unlike(다른)'와 같은 형용사를 사용하는 것을 어려워한다. • 비교의 기본 기술을 포함하는 의사결정에 어려움을 겪는다(즉, 항목들 간에 유사점과 차이점을 구별하는 데 적절한 기준을 사용하기). • 개인적 차이를 알지 못한 채 사람이나 사건에 관해서 포괄적인 일반화를 한다.

다양한 경우	사례
자발적으로 비교하는 능력은 입력 단계에서 정확하고 철저한 과정에 의해 영향을 받는다. 그것은 관계를 형성하고 항목들을 연결하는 데 전제가 되기 때문에 정교화 단계의 중요한 기능이다. 이와 같이 그것은 사고의 중심이고 출력 단계에서 반응이 소통되는 방식에 영향을 준다.	자발적인 비교 행동이 결핍된 학생은 상황의 장단점을 따져 볼 수 없기 때문에 의사결정에 어려움을 겪을 것이다(예: 진로 선택에서).

전략	
예제	자발적인 비교 행동을 못하는 능력을 교정하는 전략
〈의미〉 교사는 비교를 위한 전략을 중재한다. "이 두 개의 물건 간에 유사점과 차이점을 결정하자."	• 적절하고 알맞은 기준에 따라 유사점과 차이점을 모두 참조하여 비교가 이루어지는 방법을 설명하라. • 비교의 목적에 따라 비교의 관련 기준이 어떻게 달라지는지 보여 주라. • 학생들이 두 가지 항목을 '마음속으로 반복해서' 유사점과 차이점을 확인하도록 격려하라. • 학생들에게 비교할 수 있는 항목에 따라 기준 혹은 속성을 제공하라(예: 색깔-검은색/흰색, 크기-큰/작은). • 비교 및 반대 정도를 설명하기 위해 연속적인 것이 어떻게 사용될 수 있는 보여 주라.
〈초월〉 교사는 비교의 계속적인 적용을 격려한다. "미래의 진로를 선택하기 위하여, 너는 장단점을 평가해야 한다."	• 학생들에게 비교 기술을 실습하기 위해 집에서 그리고 교실에서 사용할 수 있는 사례를 제공하라(예: 소설에서 등장인물을 비교하기, 상품 광고, 직업 설명, 시간, 급여의 기준에 따른 진로, 혹은 문제 해결을 위한 다른 전략들의 제공). • 검찰과 국방부가 사실에 대한 비판적 비교를 사용하여 어떻게 논쟁을 이길 수 있는지 보여 주라.
〈낙관적 대안 탐색〉 교사는 그 학생이 결정하기 전에 두 개의 대안들을 비교해야 한다고 제안한다. "어느 방법이 더 좋은지를 결정하는 유일한 방법은 둘을 비교하는 것이다."	• 학생들이 결정하기 전에 다음의 내용에 의해 대안들을 비교하도록 격려하라. 　- 두세 개의 가능한 해결책을 창조하기 　- 각각의 장단점을 열거하기 　- 그들의 필요에 가장 이익이 되는 대안을 반영하고 결과에 대한 긍정적인 시각을 채택하기

정신 분야

설명

이 결함은 동시에 처리되거나 조작되는 정보의 단위 수 제한에서 명백하다. ……예를 들면, 발을 가릴 때 반대로 어깨가 드러나는 짧은 담요의 효과와 같다(Feuerstein et al., 1986, p. 3.11).

나는 그 일을 배웠지만 나중에 그것을 기억할 수 없을 것 같다.

학생의 좁고 제한된 정신 분야는 그의 회상 능력에 영향을 준다.

넓고 광범위한 정신 분야	좁고 제한적인 정신 분야
넓고 광범위한 정신 분야는 다음을 할 수 있는 능력을 의미한다. • 정신적으로 정보를 조작하기 위해 많은 정보를 보유한다. • 둘 이상의 정보 출처를 동시에 집중하고, 유지하고 그리고 사용한다. • 이미 저장된 많은 정보를 상기한다. • 과거 경험으로부터 관련 정보를 상기한다. • 광범위한 출처로부터 정보를 조직화한다.	좁고 제한적인 정신 분야를 갖고 있는 학생은 다음과 같을 수 있다. • 사실을 기억하려고 노력하는 행위를 꺼려 한다(즉, 정보를 왕성하게 통합하고 저장하는 책임을 지려 하지 않는다). • 단기 기억을 잘 하지 못한다(즉, 최근에 저장된 기억들을 떠올리는 데 어려워한다). • 장기 기억을 잘 하지 못한다(즉, 일정 기간 동안 기억에 저장되어 있는 정보를 되짚는 데 어려워한다). • 사실을 단편적으로 기억한다(즉, 어느 날에는 사실을 기억하지만 다른 날에는 기억하지 못한다). • 둘 이상의 정보 출처들로부터 사실을 조직화하지 못한다(즉, 정보를 의미 있게 만들기 위해 정보를 연합하거나 연결하지 못한다).

다양한 경우	사례
정신 분야의 협소함은 보통 기억력 문제로 나타나는데, 이것은 인지의 세 단계 모두에 영향을 준다. 입력 단계에서, 둘 이상의 정보 출처를 동시에 사용할 필요가 없다. 정교화 단계에서, 이것은 다양한 출처로부터 정보를 기억하거나 추출할 수 없다. 출력 단계에서, 이것은 그 자체가 서툰 회상으로 드러난다.	좁고 제한적인 정신 분야를 가지고 있는 학생은 시험을 위해 공부할 때 사실을 기억하지 못할 수도 있다. 그 학생은 사건의 부분들을 기억할 수 있을 뿐 전체를 기억하지 못할 수 있다. 그 학생은 자신이 방문했던 장소 혹은 자신이 읽었던 이야기의 세세한 부분을 기억하는 데 어려움을 겪을 수 있다.

전략	
예제	좁고 제한적인 정신 분야를 교정하는 전략
〈의도성과 상보성〉 교사는 단기 기억을 격려한다. "우리가 토론한 것에 대해 이야기해 보세요."	• 서툰 시각 기억을 돕기 위해 확대(자극을 크게 함) 및 색상(색채를 밝게 함)을 사용하라. • 청각 기억을 돕기 위해 증폭(자극을 더 크고 명확하게 함)을 사용하라. • 당신이 방금 말했던 것을 학생들이 상기하거나 다시 설명하게 질문하라. 짧은 문장으로 시작해서 보다 더 긴 문장을 만들라.
〈의미〉 교사는 기억을 돕기 위해 전략을 중재한다. "너의 기억을 돕기 위해 이 정보를 범주화하자."	• 정보를 기억하기 전에 그것을 확실하게 이해하기 위해 정보를 적절하게 조직하라. • 정보를 관리할 수 있는 단위로 쪼개라(청킹) (예: 463921은 46-39-21이 되고, 이것은 글자, 단어 그리고 정보로도 할 수 있다). • 학생들이 조립해야 하는 일련의 사건들을 카드로 그림을 그리라(예: 잠자리에 들기). • 기억을 돕기 위한 기법으로 범주화와 집단 만들기를 사용하라. • 정보를 더 흥미롭게 하도록, 그래서 기억이 더 쉽게 되도록 재시각화와 연합 기법을 사용하라. • 상기하는 것을 돕기 위해 서로 다른 양식으로 정보 처리의 가치를 학생들에게 보이라(예: 그림이나 도표를 그리기, 행동하기, 노래하기, 마인드맵 사용하기).

〈자기 규제 및 행동 통제〉 교사는 좋은 습관을 주입하면서 행동의 자기 점검을 격려한다. "네가 정보를 기억하도록 돕기 위해 읽고, 쓰고, 반복해라."	• 기억하기 위해 학생들이 수동적으로 학습을 수용하는 것에서 적극적으로 정보를 구성하고, 이해하고, 통합하도록 움직이게 하라. • 의미 있는 기억을 촉진하기 위해 학생들이 다시 이야기를 하도록 격려하라. • 오랫동안 저장된 정보를 상기하기 위해 끊임없이 반복하도록 격려하라. • 학생들이 확인해서 기억을 향상시킬 수 있도록 격려하라(예: "오늘 박스에 얼마나 많은 물건들이 있는지 기억할 수 있을까?").

자발적인 종합 행동

설명

이 결함은 자극과의 상호작용의 일부로서 현실을 요약할 수 있는 방향의 결여를 반영한다. 종합 행동은 정보를 집단화하고, 비교하고, 추출하고, 심지어 곱하는 데 있어서 절대적이고 상대적인 정량화를 사용한다(Feuerstein et al., 1986, p. 3.12).

나는 우리 반에 얼마나 많은 아이들이 있는지 생각해 본 적이 없다.

학생은 숫자의 관점에서 그의 세계를 연결하지 못한다.

자발적인 종합 행동을 위한 욕구	자발적인 종합 행동을 위한 손상된 욕구
자발적인 종합 행동을 위한 욕구는 다음을 할 수 있는 능력을 의미한다. • 우리 주변의 많은 것들에 신경을 쓴다. • 마음에서 명확한 목표를 숫자, 대상, 사건들로 더한다. • 자료로 집단화하고, 종합하고, 결론을 이끌려는 목적을 가진 자극으로 상호작용을 조직한다. • 비교하고, 평가하고 그것들을 전망할 수 있도록 하기 위해 사건, 아이디어 그리고 자료들을 정량화한다. • 정보를 요약하여 기본 개념을 추출한다.	자발적인 종합 행동을 위한 손상된 욕구를 가지고 있는 학생은 다음과 같을 수 있다. • 어떤 것도 정량화할 필요가 없다고 생각할 수 있다(예: '얼마나 많이?'라는 질문을 '나는 그 수를 모르겠다'로 반영한다). • 의미 있는 관계를 만들거나 그것을 적절한 도식에 동화시킬 필요도 없이 자료만 나열할 수 있다. • 기본 숫자 개념을 제대로 이해하지 않고 기계적으로 계산하고 추가할 수 있다. • 기본 개념을 추출하기 위해 자료를 종합하는 능력이 없기 때문에 개념을 적용할 수 없을 것이다.

다양한 경우	사례
입력 단계에서, 자극들은 단편적으로 그리고 분리되어 인식된다. 이것이 정교화 단계에서 일어나지 않으면, 정보를 종합하기 위해 숫자, 행동 혹은 사건들 간에 관계를 형성할 수 없다. 부과된 도식의 결여는 출력 단계에서 정보의 소통을 어렵게 한다.	간단한 덧셈을 배울 때, 학생들은 정확한 답을 얻기 위해 크기, 순서, 가역성, 교실 그리고 부분-전체 관계에서 각 숫자를 다른 숫자와 연관시키는 않고 각 계산을 따로 '계산하여' 답을 얻는다. 그 학생은 덧셈에서 함의하고 있는 기본 개념을 깊이 이해할 수 없을 것이다.

전략	
예제	자발적인 종합 행동을 위한 손상된 욕구를 교정하는 전략
〈의미〉 교사는 근본적인 수학 개념을 요구한다. "이것은 점점 더 커질까, 아니면 작아질까? 우리는 더하고 있을까 아니면 빼고 있을까?"	• 기본 개념에 대한 완전한 이해를 감추는 기계적인 계산을 피하라(예: 곱셈은 반복되는 덧셈이라는 것처럼 수학적 과정 간의 관계를 요약하지 못하는 것). • 연구 영역의 개요를 작성함으로써, 주제의 다른 면들을 연결함으로써 주제를 요약하는 연습을 하라. • 자극에 직접 노출함으로써 덧셈과 뺄셈의 적극적인 학습을 촉진하고 답을 제공하기보다는 학생들이 답을 찾도록 하라(예: 구성 단위와 블록과 같은 구체적인 조작 재료들, 실물 크기의 숫자들, 손가락을 활용하라). • 학생들에게 요약하고 사실들을 의미 있게 연결하는 학습 기법을 제공하라(예: 핵심 아이디어 찾기, 세부 사항 찾기, 사실 연결하기, 원인과 결과의 세부 사항을 연결하기, 결과 예견하기, 결론 짓기).
〈의도성과 상보성〉 교사는 종합적인 대답을 단언한다. "좋아, 너는 그것들을 더하기 위해 이것들을 함께 집단화할 수 있어."	• 그 조각들 간의 관계를 제공하는 방법으로 학생들에게 정보의 조각들을 제공하라. • 곱하기, 빼기, 더하기 같은 계산 과정을 끊임없이 요구함으로써 학생들의 종합 행동의 필요성에 대한 전반적인 관심을 끌라. • 그들이 종합 행동을 보여 줄 때 반응하라.

〈초월〉 교사는 사실을 요약하고 연결하기 위해 전략을 정교화한다. "모든 사실을 창의적인 패턴 혹은 마인드맵으로 연결하여 프랑스 혁명의 원인들을 요약하자."	• 학생들이 새로운 내용 영역에 관해서 사실들을 요약하여 열거하고 서로 의미 있게 관련시키고, 이미 기억에 저장되어 있는 지식과 관련되도록 하라. • 학생들이 조사하고, 결론을 도출하고 그리고 결정하기 위해 사실을 수집하고 요약하는 연습을 할 수 있는 사례를 제공하라(예: 차, 집, 기기를 구입하기, 소풍이나 여행을 계획하기, 일의 장단점을 점검하기).

가상 관계 계획하기

설명

관계를 찾으려는 욕구가 없다는 것은 현실에 대한 단편적 이해의 조작적 표현이다. 가상적으로 가능한 모든 것들로부터 관계를 추론하려면 사물과 (혹은) 사건들 간의 연결 (혹은 연계) 고리의 확립이 필요하다 (Feuerstein et al., 1986, 3.15).

학생은 새로운 상황에서 개념을 적용하는 데 어려움을 겪고 있다.

가상 관계를 계획하는 능력	가상 관계를 계획할 수 없는 능력

가상 관계를 계획하는 능력은 학생이 다음을 할 수 있다는 것을 의미한다.
 	
• 보기에 관련이 없는 사건들 간의 관계를 만든다. 이것은 다음과 같은 것들이다.
  - 이전에 배운 규칙과 개념들을 새로운 상황에 적용하기
  - 의미 있고 새로운 연결을 만드는 관계를 재구성하기
• '가상적으로' 혹은 '잠재적으로' 존재하는 다양한 상황에서 관계를 형성하는 사고 기술을 연결한다.
• 하나 혹은 그 이상의 자극들이 변경되었을 때 관계에서 변화가 있다는 것을 인식한다.
• 새로운 문제를 해결하기 위해 사물이나 사건들 간에 존재하는 연결을 재구성한다.
	가상 관계를 계획하는 능력이 없는 것은 학생이 다음과 같이 할 수 있음을 의미한다.
	
	• 어떤 영역에서 배운 개념을 다른 중요한 문제에 적용할 수 없다(예: 사과를 더하는 것이 배를 더하는 것과 같다는 것을 깨닫지 못한다).
	• 관계가 변하는 자극들이 요구되는 상황에서조차도 고정된 관계를 고집하는 경향이 있다(예: 삼각형에서 배운 정리를 사각형에 적용하기, 그 면과 각들이 변했던 경우).

다양한 경우	사례
입력 단계에서, 현실에 대한 단편적 이해는 근본적인 관계가 보이지 않는다는 것을 의미한다. 이것은 정교화 단계에 영향을 주고, 그 결과 학생들이 새로운 관계를 형성하고, 평행선을 찾거나 유사점을 보기 위해 이미 알려진 개념을 적용할 수 없게 된다. 결과적으로, 출력 단계에서 정보의 소통은 무의미하고 관련이 없다.	학생은 교실에서 수동적일 것이다. 그 학생은 이전에 배운 기술을 새로운 정보에 적용하여 그것을 의미 있게 만드는 욕구를 가지고 있지 않을 것이다. 그래서 그 학생은 정보를 관련이 없고 분리된 것으로 경험하고 관계를 새로운 상황에 연결할 수 없을 것이다. 학생은 학교에서 뺄셈을 하는 것이 가게에서 물건을 살 때 변화를 얻는 것과 같다는 것을 알지 못할 것이다.

전략	
예제	가상 관계를 계획하지 못하는 능력을 교정하는 전략
〈의미〉 교사는 관계를 재구축하는 이유를 제공한다. "이 대수학 문제는 네가 x와 y 그리고 z 간의 관계로 확장하지 않으면 정확하게 풀 수 없다."	• 관계를 새로운 상황에서 시험하지 않고 수동적으로 받아들이는 한계에 통찰과 자각을 제공하라. • 새로운 정보가 조직화되고 기존 지식에 연결될 때 학습이 어떻게 촉진되는지 보여 주라. • 주제와 무관해 보이거나 관련 없어 보이는 새로운 입력에 대해 의문을 제기해야 할 필요성을 주입하라. • 이미 통합된 개념을 사용하고 그것들을 상황에 맞게 재구성하여 문제 해결이 어떻게 더 잘 처방되는지를 보이라.
〈초월〉 교사는 새로운 상황에 연결하기 위한 기회를 제공한다. "너는 이러한 새로운 항목들을 통합하기 위해 분류하는 방법을 어떻게 수정하니?"	• 기술을 다양한 과제에 적용하는 연습을 제공하라(예: 크기, 숫자, 이름, 기능으로 조직화하기). • 일상의 상황에서 사건들 간의 관계에 기반해서 학생들이 새로운 연결들을 형성하게 하라(예: 다양한 종류의 전화기로 전화를 거는 업무를 일반화하라). • 결과를 성취하기 위해서 학생들이 관계를 확장하거나 수정할 수 있도록 격려하는 기회를 제공하라(예: "모든 물질이 소금 결정을 형성한다는 것을 너는 증명했다. 너는 그것들을 액화시키기 위해 무엇을 할 수 있니?").

| 〈유능감
교사는 새로운 상황에 대한 개념의 자발적인 적용을 연습한다.

"잘했어! 너는 수학 문제를 해결하는 것과 저녁 파티를 준비하기 위해 계획을 따르는 방법을 보여 주었다." | • 성공하기 전에 새로운 설정이 형성되어야 하는 점점 더 어려운 과제를 개발하라.
• 학생들이 상대적 가치 혹은 관계를 새로운 과제에 맞게 조정하도록 보상하라.
• 새로운 상황에서 조직화하기, 비교하기, 목록화하기 같은 기술을 자발적으로 사용하는 학생들을 칭찬하라. |

논리적 증거

설명

논리적 증거를 위한 욕구 결여가 논리적으로 작동하기에 부족한 것은 아니다. 그 이유는 아이의 반응이 때때로 논리적으로 이해하고 있다는 것을 보여 주기 때문이다. 오히려, 아이의 반응에서 자주 관찰되는 불일치는 논리적 증거가 명확하고 적절하지 않은 잘못된 욕구 체계에 기인할 수 있다(Feuerstein, 1980, p. 96).

학생은 해설을 찾지 않는다.

논리적 증거를 위한 욕구	논리적 증거를 위한 욕구 결여
논리적 증거를 위한 욕구는 다음을 할 수 있는 능력을 이야기한다. • 현재 상황에 도전하고 의문을 제기하려는 욕구를 내면화한다. • 진술, 사실 그리고 사건들의 타당성을 지지하고 확정하는 증거를 찾는다. • 모순을 발견하거나 해결하기 위해 논리적 일치를 찾는다. • 질문을 만들어 내고, 답을 찾고 그리고 설명을 소통한다. • 일단 문제에 직면하게 되면 적극적으로 해결책을 찾는다(불균형이 경험될 때). • 일련의 사건에서 불일치를 제거하는 것을 자동적으로 원한다.	논리적 증거를 위한 욕구 결여를 보여 주는 학생은 다음과 같을 수 있다. • 결정, 반응 혹은 충분한 설명을 곁들인 주장을 할 수 없다. • 문제에 직면했을 때 '그래서 뭐?' 혹은 수동적인 자세를 보인다. • 문제가 분명한데도 해결책을 적극적으로 찾지 않는다. • 어느 정도 논리적 이해를 보여 줄 수 있으나 해결책 찾기에 논리를 적용하는 데 실패한다. • 의견을 형성하는 데 있어서 불일치 상태를 유지한다. • 상황에 미성숙하게 혹은 비합리적으로 응대한다. • 해결책에 대해 깊이 생각하지 않고 다른 사람의 해결책을 수용하여 쉽게 설득된다.

다양한 경우	사례
입력 단계에서 정보를 수동적 혹은 수용적으로 받아들이는 태도를 보이는 학생은 정교화 단계에서 논리적 정보를 추구하고 진술과 판단을 지원하는 필요를 충분하게 가지지 못할 것이다. 이것은 종종 출력 단계에서 잘못된 소통의 결과가 된다(예: 그 학생은 '왜'라는 질문을 받을 때 '~ 때문에'라고 답한다).	학생들은 종종 견해를 유지하기 위해 불충분한 이유를 제시하거나, 혹은 부족하거나 모순된 증거에 기반한 결론에 도달하곤 한다.

전략	
예제	논리적 증거를 위한 욕구 결여를 교정하는 전략
〈의미〉 교사는 주장에 대한 정당성을 요구한다. "네가 옳다는 것을 나에게 확신시키기 위해 너는 그것을 나에게 증명할 필요가 있다."	• 견해 혹은 사건을 위한 적절하고 논리적인 이유를 제공하는 것의 중요성을 적극적으로 중재하라(예: 편견 극복하기). • 아이디어나 결론을 점검하지 않고 그것을 수용했을 때의 결과를 보여 주는 도식적인 사례를 제공하라(예: 철저하게 하나의 광고에만 기반하여 제품을 구매한 결과). • 사법제도에서 증거의 중요성을 설명하라(예: 유죄와 무죄가 어떻게 논리적 기반을 가지고 있는 사실의 추구에 의해서 결정될 수 있는가).
〈초월〉 교사는 많은 다른 맥락에서 논리적 증거를 위한 욕구를 발달시킨다. "의사, 변호사 그리고 언론인들은 모두 어떤 방식으로 논리적 증거에 의존하는가?"	• 학생들이 다양한 관점에서 문제들을 주장하고 토론하고, 그래서 가능한 모든 의견들을 포함할 수 있는 증거를 가지고 오도록 격려하라. • 학생들이 논리적 증거가 적용될 수 있는 많은 방법을 경험할 수 있도록 기회를 제공하라(예: 법정, 과학, 토론, 법 제정, 협상, 의사결정에서). • 학생들의 삶에 영향을 줄 수 있는 논리적 증거에 기반한 결정에 그들이 도달할 수 있도록 기회를 탐색하라(예: 쓰레기, 어슬렁거리는 것, 낙서에 관한 학교 규칙들). • 사건을 설명하기 위해 지지할 수 있는 증거를 찾거나 조사할 수 있도록 학생들을 격려하라.

| 〈개별화〉
교사는 그들의 논리에 기반하여 개인적 반응들을 받아들인다.

"나는 테레사와 제인의 대답을 받아들일 거야. 그 이유는 그들 모두 그들의 반응을 논리적으로 정당화하였기 때문이다." | • 논쟁 주제를 제공하고, 학생들이 그들 자신의 의견을 형성하고, 그들의 관점을 지지하는 논리적 근거를 그들이 제시하도록 하라.
• 그들이 논리적으로 정당화되는 한, 다른 견해에 대한 개인의 권리를 인정하라.
• 개인적 문제를 해결하는 데 있어서 감정적 반응에만 의존하지 말고 논리적 증거를 추구하는 것을 학생들이 수용하도록 격려하라. |

사건을 내면화하기

설명

이 역기능은 직무에 얽매인 구체적인 행동에 만연해 있다(Feuerstein et al., 1986, p. 3. 15).

학생은 문제를 정신적으로 해결할 수 없다.

사건을 내면화하는 능력	사건을 내면화하는 능력이 없음
사건을 내면화하는 능력은 학생이 다음을 할 수 있다는 것을 의미한다. • 일반화하기 위해 정보를 수용하고 조절한다. • 추상적으로 생각할 수 있다(구체적 도구 없이) (예: 사인, 상징, 과정 자료에 대한 개념 같은 표상을 사용). • 저장된 정보와 개념을 정신적으로 조작한다(내면화). • 문제를 생각하고 해결하기 위해 저장된 정보를 사용한다.	사건을 내면화하는 능력이 없는 학생은 다음과 같을 수 있다. • 구체적인 도움과 감각적 입력에 지나치게 의존한다(예: 계산을 하기 위해 블록과 손가락을 사용한다). • 정보의 다양한 출처를 고수하거나 사용할 수 없다. • '자신의 머리로' 문제를 해결할 수 없다. • 자발적인 개념 형성을 어설프게 보여 준다(예: 결론을 형성하는 데 어려움을 가지고 있다). • 현재의 사건을 과거와 미래의 사건과 연결할 수 없다(예: 지금 여기에 위치하고 있다). • 이미 내면화된 과정에 의존하는 임무를 완수하는 데 어려움이 있다(예: 다자 곱셈표에 대한 지식).

다양한 경우	사례
입력 단계에서, 학생이 구체적인 단서에 강하게 의존하면, 이것은 제한된 표상 사고의 결과가 된다. 계획하기, 처리하기 그리고 투사하기 같은 인지 요소들은 정교화 단계에서 제한된다. 이것은 출력 단계에서 아이디어나 해결책을 추상적인 방식으로 소통할 수 없는 결과가 된다.	학생은 문제를 풀 때 자극들을 물리적으로 조작할 필요가 있을 것이고, 가설적으로 생각할 수 없을 것이다. 학생은 불이 타는 것을 알기 위해 말 그대로 자신의 손을 불속에 넣을 것이다. 학생은 불을 추상적인 방식에서 생각하거나 불에 대한 과거의 경험을 떠올릴 수 없다.

전략	
예제	사건을 내면화할 수 없는 능력을 교정하는 전략
〈유능감〉 교사는 구체적인 것으로부터 추상적인 것으로 이동하는 것을 격려한다. "이번에는 블록을 사용하지 않고 3에 2를 더해라."	• 기본적으로 구체적인 도구의 사용을 제공하라. 학생들의 성과가 향상될 때, 점진적으로 도구의 의존을 줄이라. 그래서 두려움을 예방하라(예: "처음에는 계산기를 사용하고 그다음에 계산기 없이 다음의 예제를 시도해라."). • 학생들이 눈을 감게 하고, 그들의 머리에서 정보의 이해와 통합의 방법으로 물체들을 '보고, 느끼고 그리고 움직이게' 시각화를 격려하라.
〈자기 규제 및 행동 통제〉 교사는 학생들이 과거의 실수로부터 배우도록 격려한다. "지금 생각해라. 지난번처럼 똑 같은 실수를 하지 마라."	• 미리 작성한 답변을 숨기고 질문하기와 조사하기를 통해 답을 예상하도록 격려하라(예: "다음에는 어떤 일이 일어날 것 같니?"). • 언어적 지시를 제공하라. 한 단계 한 단계, 학생들이 과정을 통해 생각하도록 격려하라. • 학생들이 과제를 기획하기 전에 과제를 완수하는 데 필요한 단계 혹은 규칙들을 말로 표현하도록 격려하라. • 사건들이 일어난 후에 사건들을 관찰하는 성찰적 사고를 격려하라.
〈초월〉 교사는 내면화된 계획을 격려한다. "이 인형들을 만들기 위해 우리가 무엇을 해야 할까?"	• 학생들에게 개념 이해를 발달시키기 위한 정보를 일반화하고, 범주화하고 분류하기 위한 적절한 단어를 제공하라. • 학생들이 문제를 해결할 때 과거의 경험으로부터 그림을 그릴 수 있도록 돕기 위해 정보의 조각들 간의 관계를 강조하라. • 매일의 문제를 해결하는 데 있어서 연습 기회를 제공하라(예: 변화를 받아들이기, 계산하기, 소풍 준비).

추론-가설 사고

설명

'만약 …… 라면'이라는 말은 가설 사고의 표현이고 현상을 설명함으로써 대안을 찾는 준비를 하게 한다(Feuerstein et al., 1986, p. 3. 13).

학생은 '만약 ……라면' 사고를 하고 있다.

추론-가설 사고를 사용하는 능력	추론-가설 사고의 제한된 사용
추론-가설 사고는 다음을 할 능력을 의미한다. • 다양한 경험에 기반한 유효한 일반화와 추론을 한다. • 증거에 기반하여 가능한 이론을 많이 만든다. 이것은 추후 단계에서 검증될 것이다. • 많은 비슷한 사례에서 결론을 도출한다(예: '만약 불이 나무를 태운다면, 내가 손을 불에 넣을 때 나의 손도 아마 탈 것이다').	추론-가설 사고의 제한된 사용을 경험하는 학생은 다음과 같을 수 있다. • 일반화하고 추론하기 위해 사건들을 연결할 수 없거나 사물들 가운데에서 유사점을 볼 수 없다. • 세상을 연결되지 않은 것으로 보고 결론을 도출하는 데 어려움을 겪는다. • 다른 대안들을 볼 수 없거나 현상을 설명하기 위한 다른 가능성들을 탐색하지 못한다. • 가설을 창조하기 위한 증거를 찾지 못한다.

다양한 경우	사례
입력 단계에서, 명쾌하고 정확한 지각, 간결하고 정확한 자료 수집, 그리고 많은 정보 출처를 고려하는 능력은 추론-가설 사고를 위해 필수적이다. 정교화 단계에서, 이론과 일반화는 증거에서의 유사점에 기반하여 형성된다. 출력 단계에서, 가설은 충분하게 표현된 언어적 도구를 사용하여 간결하게 그리고 정확하게 설명된다.	추론-가설 사고의 사용에 제한이 있는 학생은 버스를 놓친 후 집으로 가는 다른 방법을 찾을 수 없을 것이다. 그 학생은 버스를 잡는 것과 집으로 가는 다른 방법 간의 연결을 알지 못한다. 그 학생은 가능한 해결책을 만들기 위해 과거 유사한 경험을 떠올릴 수 없다. 그 학생은 '만약 ……라면' 사고를 할 수 없다. 즉, '만약 내가 버스를 놓친다면 나는 택시를 탈 수 있고, 걸을 수 있고, 집에 전화를 할 수 있다'는 사고를 할 수 없다.

전략	
예제	추론-가설 사고의 제한된 사용을 교정하는 전략
〈의미〉 교사는 가설을 만드는 것의 가치를 보여 준다. "만약 퀴리 부인이 방사능에 대한 가설을 세우지 않았다면, 엑스레이는 결코 발견되지 않았을 것이다."	• 이미 존재하는 정보를 고려함으로써 새로운 결론이 어떻게 도출되는지 보여 주라. • 가설 개발이 어떻게 새로운 아이디어 탐색에 중요한 연결과 통찰력을 만드는 기초를 형성하는지 설명하라. • 사물이나 사건 간의 연결을 하는 것이 문제를 해결함에 있어서 실행 가능한 전제나 이론을 탄생시키는 데 어떻게 도움이 되는지 설명하라.
〈유능감〉 교사는 '만약 ……라면' 공식을 사용하는 연습을 제공한다. "만약 10, 20, 30, 40이 모두 2로 나누어지면, 80 역시 2로 나누어져야 한다."	• 학생들에게 많은 증명된 상황에 기반한 가설을 설정하는 경험을 제공하라(예: '만약 이러한 삼면체들이 삼각형이면, 그러한 삼면체들도 삼각형이 되어야 한다'). • 복잡하게 보이는 것을 더 접근 가능하게 만들기 위해 그들이 보는 물건에서 공통점 추론을 어떻게 하는지 보여 주라(예: 곱셈은 반복된 덧셈이다). • '만약 ……라면' 공식을 사용한 실습들을 제공하라(예: '만약 코르크, 나무 그리고 스티로폼 모두가 뜬다면, 그것들은 모두 물보다 밀도가 낮다.').

〈개별화〉 교사는 가설을 정당화하는 데 있어서 비판적 사고를 촉진한다. "너의 가설을 지지하기 위해 너는 어떤 다른 사례를 줄 수 있을까?"	• 독창적이고 다양한 가설을 탄생시키는 수단으로서 브레인스토밍을 설명하라(예: 나중에 검사하거나 검증할 아이디어들). • 학생들이 다양한 사례와 논리적 증거로 가설을 지원함으로써 그들 자신의 가설을 정당화하도록 격려하라. • 학생들에게 결론을 도출할 수 있는 사고 과정을 분명히 해 달라고 요구하라.

가설 검증 전략

설명

가설 검증에서, 경쟁 가능성들을 염두에 두고 검증하고, 그리고 그 가능성들 가운데에서 타당한 가설을 최종적으로 선택하기 전에 수용하거나 거부해야 한다(Feuerstein et al., 1986, p. 3. 13).

학생은 가설 검증을 원한다.

가설 검증 전략을 사용하는 능력	가설 검증 전략을 사용하는 능력이 손상
가설 검증 전략을 사용하는 능력은 학생이 다음을 할 수 있다는 것을 의미한다. • 특정한 가설을 평가하기 위한 알맞은 방법을 고안한다(예: 조사, 실험, 실제 실험). • 가설을 만드는 데 사용된 과정의 타당성을 분석하고 평가한다(예: 관련 없는 정보를 확인). • 모든 가능한 이론을 비교하고 대조하고, 주어진 상황에서 어떤 가설이 가장 적절한지 명확히 한다. • 많은 대안 가설을 체계적으로 점검할 수 있고, 배제 과정에 의해 가장 강력한 대안을 선택한다.	가설 검증 전략을 사용하는 능력이 손상된 경험이 있는 학생은 다음과 같을 수 있다. • 특정한 가설을 검증하는 가장 적절한 방법을 고안하거나 선택할 수 없다(예: 실험적 증거 대신에 추측이나 추정에 의존한다). • 대안 가설을 검증하기 위해 체계적이지 않거나 효율적이지 않은 접근법을 사용한다(예: 예상되는 최단 거리를 조사하기 위해 지도를 사용하기보다는 그 거리를 걷는다). • 대안 가설이 성공적으로 검증되지 않고 있기에 적합한 선택을 할 수 없다(예: 객관식 문제에 답하는 데 있어서 어려움을 경험하고 가장 타당한 반응을 선택하는 데 강박적이다).

다양한 경우	사례
입력 단계에서 명확하고 정확한 인식, 간결하고 정확한 자료 수집, 그리고 많은 정보의 출처를 고려하는 능력은 추론–가설 사고를 위해 필수적이다. 정교화 단계에서, 이론과 일반화는 증거에서의 유사성에 기반하여 형성된다. 출력 단계에서, 가설은 충분하게 표현되는 언어적 도구를 사용하여 간결하게 그리고 정확하게 설명된다.	추론–가설 사고의 사용에 제한이 있는 학생은 버스를 놓친 후 집으로 가는 다른 방법을 찾을 수 없을 것이다. 그 학생은 버스를 잡는 것과 집으로 오는 다른 방법 간의 연결을 알지 못한다. 그 학생은 가능한 해결책을 찾기 위해 과거 유사한 경험을 떠올릴 수 없다. 그 학생은 '만약 ……라면' 사고를 할 수 없다. 즉, '만약 내가 버스를 놓치면, 나는 택시를 탈 수 있고, 걸을 수 있고, 집에 전화를 할 수 있다.'는 생각을 할 수 없다.

전략	
예제	가설 검증 전략을 사용하는 능력의 손상을 교정하는 전략
〈자기 규제와 행동 통제〉 교사는 전략을 말로 표현하는 것을 격려한다. "네가 너의 가설을 어떻게 타당화할 것인지 설명하라."	• 대안을 점검하고 검증하는 습관을 형성하는 기회를 제공하라(예: 과학 실험에서, 여러 가지 물질이 예상되는 것처럼 용해되는지 아닌지를 검사하라). • 학생들이 가능한 해결책에 대한 우선순위를 정하기 위해 효율적인 가설 검증을 위한 그들 자신의 전략을 개발하도록 하라. • 학생들이 체계적으로 일하는 것을 돕기 위해 가설 검증에 대한 그들의 전략을 말하도록 격려하라.
〈의미〉 교사는 대안을 평가하기 위한 전략 사용의 필요성을 강화한다. "너의 아이디어 중 어떤 것이 가장 강력한 다리를 건설할 것인지 어떻게 말할 수 있을까?"	• 가설 검증 전략을 사용하는 가치를 보여 주라(예: 많은 가설을 검증하는 동일한 질문들을 사용하는 것이 의사결정에 도움을 준다). • 가설 검증의 가장 적합한 방법을 선택하는 것이 문제를 어떻게 효과적으로 해결하는지 보이라(예: 시간만 소모하는 실험에 착수하는 것보다는 증빙 서류를 조사하라).

〈자기변화〉 교사는 자기 성장에서 가설 검증의 과정을 언급한다. "너는 진로 대안 선택을 결정하기 전에 무엇에 관해서 생각하고 있었니?"	• 자기변화를 가져오는 일련의 가설을 평가하는 전략을 개발하라(예: 직업 갖기, 돈 빌리기, 친구와 살기 같은 독립을 성취하는 가설의 좋은 점과 나쁜 점을 열거하라). • 학생들이 이전에 사용한 가설 검증 전략을 기억하여 자기변화를 점검하도록 하라(예: '나는 X, Y, 그리고 Z에 관해서 주의깊게 생각했다. 그리고 나는 ~ 때문에 Z를 선택하기로 결정했다'). • 추측하기보다는 신뢰성 있는 검증 가설이 자기변화에 어떤 결과를 가져오는지 토론하라(예: 직업을 위한 개인의 적성을 평가하는 데 있어서 주관적인 견해보다는 직업적인 검사 같은 자기 의심을 극복하기 위한 경험적인 검사를 사용하라).

행동 계획하기

설명

행동 계획하기는 목표를 설정하고 …… 그리고 목표와 그것을 획득하게 하는 수단을 구별하는 것을 포함한다. 목표에 도달하기 위한 단계는 구체적이어야 하고, 시간에 맞게 주문되어야 하고, 그리고 그 단계들의 타당성, 경제성 및 효율성의 측면에서 평가되어야 한다 (Feuerstein, 1980, p. 99).

학생은 계획을 세우는 데 실패했다.

행동 계획하기 욕구	행동 계획하기 욕구의 결여
행동 계획하기 욕구는 다음을 할 수 있는 능력을 의미한다. • 장기 및 단기 목표를 설정하는 것의 가치를 안다. • 장래의 계획을 세운다. • 목표를 설정하고 그것을 어떻게 달성할 것인지 진술한다. • 목표를 성취하거나 문제를 해결하기 위해 계획을 세우고 지킨다. • 계획을 실천하는 데 있어서 구체적인 단계를 명확히 한다. • 계획을 실행할 때 일을 체계적으로 그리고 논리적으로 하는 것의 중요성을 이해한다. • 경제성 및 효율성의 측면에서 행동의 과정들을 수정한다.	행동 계획하기가 결여된 학생은 다음과 같을 수 있다. • 장기적으로 계획을 세우고 투자하기 위해서 만족감을 지연시킬 수 없다. • 무엇이 중요한지 계획을 세우지 못하고 충동적으로 상황에 돌입한다. • 계획할 필요를 느끼지 못하고 오히려 '지금 여기'에만 집중하고, 당면한 문제들만 해결한다. • 목표를 설정하고, 추구하고 그리고 성취하는 기법과 과정을 알지 못한다. • 문제를 해결하는 단계들을 명쾌하게 진술하지 못한다. • 계획을 따르는 데 힘들어한다.

다양한 경우	사례
입력 단계에서 충동성과 현실의 단편적인 이해는 목표 설정의 어려움을 야기하고, 정교화 단계에서 목표를 달성하는 단계를 계획하는 데 어려움을 일으킨다. 이것은 결국 시행착오의 결과를 초래하고, 그것은 출력 반응을 손상시킬 것이다.	아주 가난하거나 위험한 환경 조건 아래 살고 그날 하루 벌어서 먹고 사는 경험을 하는 아이들은 미래를 위해 계획을 세우는 욕구를 발달시키지 못하거나 장기적인 관점에서 예견하고 투자하지 못한다. 그들의 환경은 그들이 '지금 여기'에 살도록 강요하고, 그런 환경에서 미리 계획을 세우는 것은 불필요한 것이다. 비슷하게, 욕구가 즉각적으로 충족되는 충동적이거나 탐닉하는 아이는 미리 계획을 세우고 즉각적인 만족을 연기하는 데 필요한 태도나 기술을 발달시키지 못한다.

전략	
예제	행동 계획하기의 결핍을 교정하는 전략
〈목표 계획〉 교사는 목표를 계획하는 전략을 중재한다. "우리는 이 어려운 문제를 위한 계획이 필요하다. 우리의 목표를 정의하자."	• 목표 지향적인 행동을 시범적으로 보여 주라(예: 각 주제를 위한 명확한 목표를 설정하고 그 목표를 달성하는 단계를 진술하라). • 학생들에게 다음과 같은 계획을 구상하는 전략을 주라. – 너의 목표를 정의하라. – 정보를 수집하라. – 규칙을 검토하라. – 전략과 시작점을 계획하라. – 목표들이 어떻게 달성되고 있는지 점검하라.
〈자기 규제 및 행동 통제〉 교사는 만족을 유예하고 미리 계획을 세우는 이유를 제공한다. "만약 지금 너의 점심을 모두 먹지 않는다면, 너는 오후에 배가 고플 것이다."	• 목표를 추구하는 데 있어서 끈기와 인내를 장려하라. • 학생들에게 그들의 운명에 대한 통제의 본능적 위치와 자율적인 태도를 발달시키라(그들 자신의 삶에 책임감을 가지기). • 어떻게 장기 프로젝트들이 보다 작은 부분으로 쪼개어지는지 그리고 체계적인 단계들이 임무를 더 관리할 수 있게 하는지 보이라. • 학생들이 미리 계획을 세울 때 우선순위를 설정할 수 있도록 도우라.

	• 장기적인 관점에서 투자의 가치를 보여 줌으로써 충동적인 학생이 만족을 유예하도록 격려하라. • 학생들의 목표가 성취되고 있는지를 어떻게 점검하고 평가할지 그리고 그들의 접근이 어떻게 적절하게 수정되고 있는지를 학생들에게 보여 주라.
〈개별화〉 교사는 학생들이 그들 자신의 목표를 설정하고 계획하도록 격려한다. "너는 고등학교를 졸업하기 전에 받아야 할 과정을 선택하기 위해 장기적인 진로 목표를 명확히 할 필요가 있다."	• 현실적인 목표를 설정하는 욕구를 조장하라. • 학생들이 그들의 필요를 명확히 하고 그에 따라 목표를 수정하고 조정하도록 격려하라. • 학생들이 시간과 능력의 관점에서 그들의 계획을 평가하고 검토하도록 격려하라. • 학생들이 효과적인 행동 계획을 통해 그들의 미래에 대한 다양한 꿈들과 희망들이 실현될 수 있는 방법들을 그들과 함께 탐구하라.

인지적 범주화의 정교화

설명

언어적 능력의 결핍은 어떠한 인지 조작을 정교화하는 아이의 능력에 심각한 영향을 줄 수 있다. 사물의 어떤 특성을 지정하는 어떤 구체적인 언어 코드가 없으면 아이는 구체적인 수준에서 처리할 수 있는 특정 작업에 얽매이게 되고, 내용과 복잡성이 다른 과제를 동일한 작업으로 일반화할 수 있는 능력이 손상될 수 있다(Feuerstein, 1980, p. 82)

학생은 아이디어를 확장하는 데 어려움을 겪고 있다.

인지적 범주화의 충분한 정교화	인지적 범주화의 손상된 정교화
인지적 범주화의 충분한 정교화는 다음을 할 수 있는 능력을 의미한다. • 언어를 도구로 사용하여 구체적인 사례로부터 추상적인 이해로 이동한다. • 언어적 표식을 그 기본 개념에 연결한다(예: '양심'과 같은 단어의 의미를 탐색한다). • 근본적인 원칙을 발견하고, 표식을 하고, 말로 표현한다. • 활동을 수행할 때 '생각나는 대로 말한다.' • 수집된 정보가 적절한 범주로 어떻게 조직되는지에 관해서 언어적으로 정교화한다.	인지적 범주화의 정교화가 손상된 학생은 다음과 같을 수 있다. • 특정한 목표, 연결, 관계 혹은 개념을 위한 정확한 표식을 못한다. • 구체적 임무에서 핵심적인 추상적 원칙으로의 이동을 어려워한다. • 자기 자신을 표현할 수 없고 과제에 대한 자신의 접근법을 '생각'할 수 없을 수 있다. • 어휘를 표현하고 수용하는 데 제한적이어서 개념을 심도 있게 설명하는 데 어려움을 겪는다. • 비슷한 과제에 특정 인지 기술을 일반화할 수 없다(예: 두 개의 블록을 비교할 수 있지만 다른 사물들을 비교하기 위해 똑같은 기준을 사용할 수는 없다).

다양한 경우	사례
이 인지 기능은 언어와 사고 간의 연결과 관련된다. 언어는 추상적 사고에서 정신적인 작용을 정의하는 데 있어서 핵심적인 역할을 한다. 입력 단계에서 언어적 도구(어휘)의 결여와 몇 가지 정보의 출처를 동시에 사용할 수 없는 능력은 정교화 단계에서 추상적 사고를 제한할 것이다. 이것은 출력 단계에서 정신적인 작용을 언어화하고 일반화하고, 그것을 비슷한 상황에 적용하는 능력을 손상시키는 결과를 낳는다.	교실에서 그 학생은 신체적으로 조작할 수 있는 활동을 할 때만 편안함을 느낄 것이고 자신이 하는 것을 설명하는 데 어려움을 겪을 것이다. 그 학생은 쉬운 사례에서 배운 규칙을 좀 더 어려운 사례에 적용을 못할 것이고, 관련된 항목들을 범주화하는 데 어려워할 것이다.

전략	
예제	인지적 범주화의 손상된 정교화를 교정하는 전략
〈의도성과 상보성〉 교사는 정신적인 과정을 설명하기 위해 정확한 표식을 제공한다. "비교할 때, 우리는 같은 점과 다른 점을 찾는다."	• 사랑, 미움 혹은 편견 같은 것들에 관해서 학생들이 어떻게 보고 생각하는지의 관점에서 추상적인 개념을 설명하도록 질문하라. • 다음과 같은 인지 작용을 묘사하기에 필요한 어휘를 학생들에게 제공하라. 　– 사물 표시하기: 사각형, 삼각형 　– 관계 묘사하기: 비슷한, 다른 • '생각나는 대로 말하기'를 모델링하고 문제 해결을 위한 전략을 묘사하라.
〈의미〉 교사는 사고 기술을 적용하는 이유들을 제공한다. "신체가 어떻게 기능하는지 이해하기 위해 우리는 그것을 다양한 부분으로 쪼갤 필요가 있다. 이것을 분석이라고 부른다."	• 구체적인 것에서 추상적 사고로 이동을 촉진하는 정신적 과정을 사용하는 이유를 설명하라(예: 분석의 목적). • 분석하기, 종합하기, 비교하기, 범주화하기, 귀납적으로 사고하기와 연역적으로 사고하기 등에서 정신적인 과정을 이해하는 실습을 제공하라. • 학생들이 문제를 물리적으로 해결하지 않고 추상적으로 해결하는 가치를 발견하도록 도전하게 하라(예: 그것은 시간과 에너지를 절약하고, 물리적 소품에 의존하지 않고, 가설적 사고를 위해 꼭 필요한 것이다).

〈초월〉 교사는 전략의 적용을 격려한다. "너는 그 모양들을 잘 분류하였다. 이제 네가 이 동물들을 분류하기 위해 똑같은 규칙을 사용할 수 있는지 보자구나."	• 다양하고 서로 다른 사례들을 사용하여 개념을 적용하기 위한 실습을 제공하라(예: 정보를 분류할 때 상위 범주와 하위 범주를 찾으라). • 비슷한 상황에서 원칙이나 조작이 어떻게 사용될 수 있는지 보이라. • 학생들이 그들의 집, 교실 그리고 일상의 삶에서 문제를 해결하는 구체적인 전략들을 어떻게 사용하고 있는지 그 사례를 만들도록 질문하라.

현실 이해

설명

세상을 단편적으로 이해하는 것은 시간적이나 공간적으로 이전에 예상된 경험들에 관련 짓거나 연결할 그 어떤 시도도 하지 않은 채 각 사물이나 사건을 분리해서 경험하는 것을 의미하는 것이다(Feuerstein, 1980, p. 102).

학생은 연결을 볼 수 없다.

의미 있는 현실 이해	단편적인 현실 이해
의미 있는 현실 이해는 다음을 할 수 있는 능력을 의미한다. • 항목과 사건 간에 관계를 적극적으로 발견함으로써 정보를 의미 있고 포괄적인 전체로 연결한다(예: 조직하기, 순서 정하기, 종합하기, 비교하기를 통하여). • 결과를 예견하고 예상하고, 원인과 결과 관계를 설정하고, 그리고 행동의 의미를 안다. • 정보에 적극적으로 접근하고자 하는 욕구를 내면화한다(예: 의미 있는 연결을 만들다). 반면에 수동성은 현실을 단편적으로 이해하는 핵심 원인으로 간주될 수 있다. • 충동적인 반응을 통제한다. 그래서 문제를 합리적으로 이해할 수 있는 시간을 갖게 된다.	현실을 단편적으로 이해하는 학생은 다음과 같을 수 있다. • 세상을 서로 관련이 없는 연결되지 않고 분리된 사건들로 본다. • 구체적인 경험으로 되돌아가려 한다. • 원인과 결과를 연결하거나 행동의 결과를 보는 것에 어려움을 갖고 있다. • 각 사건은 다른 것으로 경험되고 다른 사건들과의 유사점들이 인식되지 않기 때문에 하나의 사건을 분류하는 데 어려움이 있다. • 개념 형성, 추상적 추론, 새로운 자료의 통합에 어려움을 경험한다.

다양한 경우	사례
이 인지 기능은 언어와 사고 간의 연결과 관련된다. 언어는 추상적 사고에서 정신적인 작용을 정의하는 데 있어서 핵심적인 역할을 한다. 입력 단계에서 언어적 도구(어휘)의 결여와 몇 가지 정보의 출처를 동시에 사용할 수 없는 능력은 정교화 단계에서 추상적 사고를 제한할 것이다. 이것은 출력 단계에서 정신적인 작용을 언어화하고 일반화하고, 그것을 비슷한 상황에 적용하는 능력을 손상시키는 결과를 낳는다.	교실에서, 그 학생은 신체적으로 조작할 수 있는 활동을 할 때만 편안함을 느낄 것이고 자신이 하는 것을 설명하는 데 어려움을 겪을 것이다. 그 학생은 쉬운 사례에서 배운 규칙을 좀 더 어려운 사례에 적용을 못할 것이고, 관련된 항목들을 범주화하는 데 어려워할 것이다.

전략	
예제	현실을 단편적으로 이해하는 것을 교정하는 전략
〈의미〉 교사는 관계를 만든다. "더하기와 곱하기 모두 양을 증가시키는 방법이다."	• 항목을 묶고 연결을 만들기 위한 전략으로서 유사점과 차이점을 발견하는 근거를 주라. • 학생들이 통일된 개념을 발견할 수 있도록 과제를 제공하라(예: "이 모든 블록들을 어떻게 조립할 수 있을까요?"). • 부분들을 전체로 서로 연결하는 생각을 탐색하라(예: 공해가 지구상의 생명체에 어떻게 영향을 미치는가). • 사물을 분리해서 그리고 '더 깊이 파고들지' 않고 처리하는 것의 영향을 설명하라(예: 원인을 찾지 않고 벽의 틈을 메우는 것).
〈소속감〉 교사는 이해 관계의 개념과 중요성을 확장한다. "너의 모든 조상들이 어떻게 연결되어 있는지 추적할 수 있는 가계도를 그리자."	• 우리의 문화에서 관계를 탐색하는 것이 이 세상에서 성장하는 우리 자신의 경험을 어떻게 이해하게 하는지 설명하라. • 세상에서 우리의 위치에 관해서 타당한 연결을 형성하는 것이 점점 더 복잡하고 미묘한 관계를 더하고 발견하게 하여, 자신을 이해하는 성장으로 이끄는지를 보여 주라. • 우리의 뿌리 찾기와 우리의 관계를 인정하는 것이 창의적이고 역동적인 행동이고, 혼란스럽고, 질서가 없고, 예측할 수 없는 세상처럼 보이는 것을 정리하는 개인 욕구의 핵심이라는 생각을 명확히 하라.

〈참신성 및 도전〉 교사는 학생들이 원인과 결과를 찾도록 도전하게 한다. "공룡의 멸종을 야기한 것이 무엇 이라고 생각하는가?"	• 학생들이 타당한 판단을 하도록 지도하면서 시도하려는 동기가 계속 살아 있도록 유지하여, '새로운' 연결에 개방적이 되도록 본보기를 보이라. • 학생들에게 도전이 되는 수준에서 원인과 결과에 대한 통찰력이 필요한 과제를 제시하라(예: 증거 게임에서, 스칼렛 양을 누가, 어느 방에서, 어떤 무기를 사용하여 죽였는가?). • 학생들에게 현상들을 위한 근거를 제공하는 질문을 함으로써 사건들이 일어나는 이유에 관해서 학생들의 타고난 호기심을 개발하라(예: 왜 별은 반짝이는가?).

작업 페이지

다음의 정교화 역기능을 명확히 하기

1. 사물이나 사건들 간에 관계를 인식하지 못하는 능력

_____

2. 구체적인 과제의 기초가 되는 추상적인 원칙을 말로 설명하는 데 어려워함

_____

3. 진술을 지지하지 못하거나 입장을 정당화하는 능력이 없음

_____

4. 구체적으로 요청했을 때 모델 사례를 사용하여 다시 확인하기

_____

5. 주어진 상황에서 존재하는 불균형을 이해하는 데 어려워함

_____

6. 정보를 구성할 필요의 일부로 자극을 정량화하거나 요약할 수 있는 방향의 결여

_____

7. 새로운 연결(자극들 간에 잠재적으로 존재하는)을 형성하는 관계를 재구성하려는 욕구의 결여

_____

8. 가상의 사례에 대한 답을 규칙에서 추출할 수 없음

_____

9. 정보를 장기 기억에 유지하기 위해 정보의 단위들을 결합하고 연결하는 능력이 없음

_____

10 '지금 여기'로부터 주어진 거리에서 시간적으로 그리고 공간적으로 위치한 목표를 설정하지 못함

_____

11. 어떤 사물을 나타내지 않고는(즉, 구체적으로 연결되지 않고는) 그것을 마음의 눈으로 표현하는 능력이 없음

_____

12. 어떤 단서들을 제거할 수 없고 그리고 문제를 풀 때 다른 사람에게 우선권을 부여할 수 없음

_____

13. 비슷한 사례로부터 일반적인 규칙을 구성할 수 없음

_____

작업 페이지

인지 역기능 일치시키기

학생은	다음의 역기능이 보인다
1. 과제를 설명한 후에도 계속해서 무엇을 해야 하는지 묻는다.	a. 행동 계획하기의 결여
2. 토론이 낙타에 관한 것일 때 학생의 개에 관한 이야기를 들려준다.	b. 종합 행동에 대한 손상된 욕구
3. 원본을 여전히 앞에 두고도 정확하게 복사를 했는지 확인한다.	c. 인지 전략의 손상된 정교화
4. '생각나는 대로 말하기'와 추상적 결론을 도출하는 데 어려워한다.	d. 내면화의 결여
5. 가정을 검증하는 방법을 찾는 데 어려워한다.	e. 적절한 단서들을 선택하는 능력의 결여
6. 사물의 '수'에 대해서는 관심을 갖지 않을 것이다.	f. 손상된 가설 검증
7. 존재하는 규칙들을 새로운 상황에 적용할 수 없다.	g. 제한적인 정신 분야
8. 자신의 머리에서 할 수 없기 때문에 문제를 해결하기 위해 구체적인 자극들에 의존한다.	h. 자발적인 비교 행동의 결여
9. 사물과 사건들을 분리되고 관련이 없는 속성들로 본다.	i. 단편적인 현실 이해
10. 만족하고 '딱 그것 때문이라는' 답을 준다.	j. 문제의 부정확한 정의
11. 만족을 유예하거나 장기적인 계획에 투자를 하지 못한다.	k. 논리적 증거를 위한 욕구 결여
12. '만약 ……라면' 사고를 사용해서 결과를 예상하지 못한다.	l. 가상 관계를 계획할 수 없는 능력
13. 현재에서 문제를 해결하기 위해 과거에 배운 관련된 정보를 사용하는 데 실패한다.	m. 추론-가설 사고의 제한된 사용

제16장

출력

만일 학생의 사고에 관해서 다음과 같이 언급하는 것을 우연히 듣는다면, 그 학생은 사고 과정의 출력(out put) 단계에서 어려움을 겪고 있을 것이다.

- "그녀의 입장에서 생각해 봐."
- "좀 더 공감하고 민감해지도록 노력해 봐."
- "그것을 좀 더 명확하게 설명해 볼 수 있을까?"
- "그냥 포기하지 말고, 다시 시도해 보자!"
- "함부로 추측하지 마!"
- "너의 진술은 틀렸고 부정확했어."
- "나는 너의 지시가 이해되지 않아."
- "시스템을 생각해 보고 정답을 알아봐."
- "생각하고 나서 답을 말해."
- "그것은 매우 부주의한 답변이야."
- "너는 또다시 정확하지 않게 적었네."
- "그림을 실제로 그리기 전에 머릿속에 이미지를 그려 봐."
- "연습장을 다 읽는다고 문제가 해결되지 않아."

출력 단계

청소년 감독관, 보호관찰관, 판사, 그리고 법관들은 보석으로 풀려난 아이들이 다시 같은 범죄를 저지르는 방식에 놀라움을 감추지 못하고 있다. 그것은 일종의 어리석은 광기처럼 보이지만, 사실 아이들은 그들의 행동을 완전히 통제할 수 있는 인지 장치가 결여되어 있다. 미래를 시각화할 수 없다는 것은 과거의 경험으로부터 배울 수 없다는 것을 의미한다. 청소년들과 많은 성인 범죄의 충동적인 '상황적' 특징은 이제 대서양 양쪽의 범죄학자들에 의해 인정되고 있다. 캐나다 형벌 제도에서, 포이에르스타인 프로그램은 성인 범죄자들을 위해 시행되었고 그 프로그램에 대해 관련된 교도소 관리자들로부터 열정적인 보고가 있었다. 그 프로그램은 범죄자들의 충동성을 줄이고, 그들의 환경을 다루는 보다 높은 비판적 능력을 개발시켜 준다는 것을 정확하게 강조하고 있다는 점에서 그들의 관심을 이끌어 냈다(Sharron, 1987, p. 56).

출력 단계는 사고 과정의 세 번째 단계이다. 이 시점에서, 입력 단계에서 수집되고 정교하게 작업되거나 처리되는 정보는 하나의 정답, 해결책 또는 산출물로 전달된다.

특정 출력 기능의 질은 정교화의 정확성과 성공에 따라 달라질 수 있다. 마찬가지로, 출력 방식은 향후 자료 수집과 문제 해결에 영향을 미칠 수 있다. 반면에 입력과 정교화 능력은 출력 단계의 어려움으로 망쳐질 수 있다.

출력 단계에서 어려움을 겪는 학생은 자신의 관점에서만 사물을 볼지도 모른다. 이 학생은 무작위로 답을 예측하거나 좌절하고 포기할지도 모른다. 그 학생이 언어 표현력이 부족하여 대답을 전달하기 어렵거나 혹은 그 학생이 부주의하고 부정확할 수 있다. 학생들은 자신의 마음에 이미지를 고정시키는 데 어려움을 겪거나 혹은 그것을 먼저 신중하게 생각하지 않고 성급히 대답할 수 있다.

이 장은 사고의 출력 단계에서 문제를 다룬다. 각 역기능을 식별하는 방법에 대한 자세한 논의가 제공되며, 포이에르스타인의 중재 기준을 사용하여 결함을 수정하기 위한 제안이 있다.

다음 표를 사용하여 교실 그림에서 아이들의 인지 역기능을 식별하라.

출력	
기능	역기능
의사소통 양식	
성숙한	자기중심적인
출력 반응	
참여적인	방어하는
출력 반응	
주의 깊게 다루는	시행착오의
표현적 언어 도구	
적절한	손상된
자료 출력	
정확하고 정밀한	손상된
시각 전달	
정확한	손상된
행동	
적절한	충동적이거나 저지르는

의사소통 양식

설명

이 의사소통의 결핍은 자기중심적인 개인이 주어진 교류에서 그의 파트너를 인식하는 방식을 의미한다. 이 관계에서 그(즉, 학생)는 자신이 생각하는 것과 그 이유에 대해 자세히 설명할 필요를 느끼지 않는다. 왜냐하면 그는 자신이 알고 있는 것처럼 다른 사람도 알고 있다고 생각하기 때문이다(Feuerstein, 1979, p. 68.)

나는 네 아이디어를 좋아하지 않아. 내 방식이 옳거든.

학생은 다른 사람의 관점을 수용하지 않을 것이다.

성숙한 의사소통 양식	자기중심적인 의사소통 양식
성숙한 의사소통은 다음을 할 수 있다는 것을 의미한다. • 공감적이고 유연한 방식으로 의사소통한다(즉, 다른 사람의 관점에서 보기). • 다른 사람들이 자신의 생각하는 바를 직관적으로 알지 못한다는 것을 인식하고, 그래서 효과적인 의사소통 기술을 개발하고, 질문과 과제에 반응하여 상세하고, 정확하고, 확고한 주장을 제공할 수 있다. • 타인의 관점을 경청하고 고려한다.	자기중심적인 소통을 보여 주는 학생은 다음과 같을 수 있다. • 자신의 관점으로만 세상과 연관시킨다(예: 자신과 다른 의견이나 접근 방식을 수용할 수 없으며, 자신의 요점을 관철시키려고 다른 사람들을 비난한다). • 다른 사람이 자신이 생각하는 것과 같은 방식으로 똑같이 생각한다고 믿기 때문에 정교화하고 확장하고 혹은 반응에 이유를 제공하는 데 어려움이 있다. • 사회적 단서에는 무감각하여 결과적으로 부적절하게 반응한다.

다양한 경우	사례
이기주의는 학생이 자기중심적일 때 발생하며, 다른 사람의 관점을 고려하지 않는다. 대화를 할 때, 이런 학생들은 다른 학생들의 요구를 무시하거나 심지어 퇴짜를 놓을 수도 있다. 입력 단계에서 둘 이상의 정보 출처를 고려하는 것을 꺼린다. 정교화 단계에서 자신의 생각에 대한 증거를 제공할 필요를 거의 갖지 않는다. 출력 단계에서는 오직 자신의 관점에서만 아이디어를 전달한다.	학생은 집단 활동을 지배함으로써 자기중심적인 의사소통을 보여 주고, 모든 사람이 자신의 방식대로 하도록 요구하지만, 그의 방법을 집단에게 공유하거나 설명하는 것을 무시하고 혼자 행동하게 된다. 결국 이 학생은 왜 다른 구성원들이 어려움을 겪고 있는지 이해하지 못한다.

전략	
예제	자기중심적인 의사소통을 교정하는 전략
〈의미〉 교사는 좀 더 완벽한 답변을 하도록 격려한다. "이제 나에게 네가 ……을 말할 때 무엇을 의미하는지 정확하게 말해라."	• 불완전한 답변을 수용하지 말고, 답변에 대한 설명을 요구하라. • 명확하고 모호하지 않을 때까지 학생들의 답변을 이해할 수 없다는 표정을 짓고, 답변에 대해 질문한다(예: "이것을 의미하는 거야, 아니면 저것을 의미하는 거야?"). • 의사소통에 대한 목표를 명확히 하고 부분적인 메시지가 주어졌을 때 무슨 일이 벌어지는지 보여 준다(예: '우체국' 놀이를 한다). • 학생을 새로운 형태의 대화 방식(예: 전문용어 또는 다른 방언)에 노출시켜 그와 관련한 문제를 경험하고 논의할 수 있도록 한다.
〈자기 규제 및 행동 통제〉 교사는 자기 점검으로 정밀함을 격려한다. "네가 우리에게 명확하고 정확한 지시사항을 주고 있는지 점검하고 확인해 봐."	• 학생들에게 문제를 풀 때 생각나는 대로 말하는 방법을 보여 줌으로써 정밀성과 정확성을 강조하라. • 왜, 어떻게, 그리고 무엇을 스스로에게 물어보는 규율을 길러라. • 학생들이 다른 모든 사람이 자동으로 자신들을 이해한다고 가정하지 않도록 하며, 그들의 메시지가 수신되고 이해되었는지 확인하도록 장려하라.

| 〈공유〉
교사는 공감적인 생각을 증진한다.

"네가 말한 것이 타당하지만, 다른 사람의 의견도 들어 보도록 하자." | • 학생들이 다양한 관점에서 문제를 검토하고 다른 관점을 대조하도록 권장하라.
• 학생들에게 토론할 논쟁적인 주제들을 주고 찬반양론을 요약하도록 도움을 주라.
• 학생들에게 역할수행 상황을 제공해 '다른 사람의 입장이 되도록' 할 수 있는 역할을 제공하도록 하라.
• 학생들에게 속어를 쓰거나 말하게 하라. |

출력 반응 1

설명

방어는 새롭게 답변을 시작할 때의 부족에서부터 열린 자극을 회피하는 것까지 다양하게 나타날 수 있다. 이것은 인지적 실패에 대한 반응으로 사람들의 준비상태에 영향을 미쳐 다시 실패를 초래할 수 있는 상황을 만들 수 있다(Feuerstein et al., 1986, 3.17).

학생의 방어 반응은 시도조차 안 하려는 것을 초래한다.

참여적인 출력 반응 1	방어하는 출력 반응 1
참여적인 출력 반응은 다음을 할 수 있다는 것을 의미한다. • 이전 실패에도 불구하고 다시 시도한다. • 인내심을 갖고 어렵거나 익숙하지 않은 일을 견딘다. • 이전 방법이 실패했을 때 다른 접근법이나 전략을 계획한다. • 새로운 문제 해결에 관심을 보인다. • 더 도전적인 과제나 활동에 직면할 때 긍정적인 자아개념과 자신감을 개발한다.	방어하는 출력 반응을 경험하는 학생은 다음과 같을 수 있다. • 도전에 직면했을 때 자신감 결여 • 새롭거나 어려운 과제를 시도하려는 동기 부족 • 과제를 완수하는 인내의 결여(예: 쉽게, 빨리 포기) • 과제에 실패했을 때 다시 시도하거나 다른 방법을 시도하는 것을 꺼림 • 감정적 폭발(예: 교재 찢기, 도망치기, 대답 거부하기, 울기)

다양한 경우	사례
명확하고, 체계적이며, 정확한 자료 수집을 입력 단계에서 하면 정교화 단계에서 문제를 정확하게 정의할 수 있다. 과제에서 필요한 것을 이해할 수 있다는 자신감은 문제를 효율적으로 접근하도록 해 준다. 과제를 해결하고자 하는 동기는 참여적인 출력 반응을 일으켜 어떤 방어도 극복할 수 있도록 도와준다.	과제에서 이미 실패를 경험한 학생은 반복된 실패에 대한 두려움으로 다시 시도하는 것을 꺼린다. 이러한 결과로 자아개념이 약해지고, 성공할 능력에 대한 자신감도 결여된다. 학생은 실패, 당황, 그리고/또는 좌절에 다시 직면하기보다 오히려 도망가려 한다.

전략	
예제	방어를 교정하는 전략
〈의도성과 상보성〉 교사는 어려운 문제를 단순화하여 참여할 수 있도록 안내한다. "포기하지 마. 이 문제를 여러 부분으로 나누어 차근차근 해결해 보자."	• 고민의 원인이 될 수 있는 모호하거나 혼란스러운 사례를 모두 제거하라. • 학생들의 취미와 관심사에 초점을 맞춘 과제를 제시하여 호기심을 유발하고 그들이 참여할 수 있도록 자극하여 관계를 맺으라. • 잠재적인 어려움의 영역을 예측하여 개입하라(예: 어려운 과제를 작은 부분으로 나누거나 다른 접근법을 제안하라).
〈유능감〉 교사는 실패에 대한 두려움을 줄여 학생을 동기부여한다. "실수를 조사하는 것은 우리가 어디에서 잘못했는지를 보여 주기 때문에 가치 있는 일이다."	• 학생의 능력 수준(강점에서 약점에 이르기까지)에 해당하는 문제 해결 방법을 제안하고, 긍정적인 반응에 초점을 맞추라. • 새로운 과제를 시도하고 어려운 과제에 끈기 있게 노력하는 것에 대해 보상하고 공로를 인정해 주라. • 귀중한 답변을 할 수 있다고 학생을 안심시켜 불안감을 해소시키라. • 틀린 답을 내는 것에 대한 부정적 결과가 없음을 보여 주라(즉, 우리는 실수로부터 배운다).
〈자기 규제 및 행동 통제〉 교사는 스스로 자멸하는 방어의 습관을 깨려고 노력한다. "'나는 할 수 없어'라고 말하는 대신 '노력해 볼 거야.'라고 말하자."	• 어려운 과제를 피하려는 학생들의 습관을 대체하여 학생들이 시도할 수 있도록 동기를 부여하라. • 과제를 해결할 때 큰 소리로 말함으로써 문제 해결 과정을 시범 보이라. • 학생들과 일할 때 그들에게 격려와 성공 기술을 제공하라. • 학생들에게 작업을 정기적으로 점검하여 진행 상황을 점검할 수 있는 방법을 제시하라. • 학생들을 격려하여 자신의 행동을 실패에 초점을 맞추기보다는 긍정적인 성과로 평가하도록 하라.

출력 반응 2

설명

시행착오 학습은 개인의 주의를 다른 곳으로 돌리고, 관계를 산만하게 하여, 일종의 확률적이고 임의적인 행동을 강화한다(Feuerstein, 1980, p. 100).

학생의 무작위 시행착오 반응은 구조화되지 않은 접근을 반영한다.

주의 깊게 다루는 출력 반응 2	시행착오 출력 반응 2
주의 깊게 다루는 반응을 하는 학생은 다음을 할 수 있다.	시행착오 반응을 하는 학생은 다음과 같을 수 있다.
• 문제를 해결하고 체계적으로 소통한다. • 문제를 통해 논리적이고 합리적으로 작업한다. • 초기에 정보의 홍수처럼 보일 수 있는 부분에 질서를 부여한다. • 목표를 수립하고 거기에 도달하기 위한 전략을 수립한다.	• 임의로 충동적으로 정답을 추측한다. • 미리 생각하거나 전략을 계획하지 않는다. • 오류를 반복하는 경향이 있으며 실수를 통해 배우지 않는다. • 구조화되지 않은 학습 환경으로부터 거의 배우지 않는다. • 목표를 마음속에 정의하거나 갖고 있기가 어렵거나 혹은 반복해서 전략을 바꿀 수 있다. • 우연히 해답을 발견할 때까지 무작위로 비계획적인 방법으로 정보를 다룬다.

다양한 경우	사례
주의 깊게 다루는 반응의 가능성은 입력 단계에서 시작되며, 이 단계에서 학습 상황을 이해하고 풀어 내는 탐구가 필요하다. 정교화 단계에서 문제를 해결한다는 것은 필요한 인지 기능을 적용하여 문제를 정의하고 해결책을 찾는다는 것을 의미한다. 출력 단계에서 충동성은 제어되고, 반응은 계획적이고 체계적인 방식으로 전달된다.	시행착오 행동이나 '발견학습'은 유능한 학생들을 위한 수용 가능한 문제 해결 전략이다. 그러나 현실을 단편적으로 이해하는 학생은 자료를 해석하는 사고 능력을 가지고 있지 않기 때문에 무작위적이고 임의적인 학습으로부터 이득을 얻을 수 없다. 학생이 결론을 도출할 수 없고, 패턴을 추론하고, 실수로부터 배울 수 없다면, 구조가 조정될 때까지 오류는 더 많은 오류를 낳을 것이다.

전략	
예제	시행착오 반응을 교정하는 전략
〈의미〉 교사는 체계적인 사고를 시범 보인다. "먼저, 내가 이 일을 위한 계획을 세워 볼게. 그러고 나서……"	• 과제에 대한 체계적인 접근을 통해 어떻게 성공하는지를 시범을 보여 주라(예: 케이크 만들기, 실험 수행하기, 퍼즐 혹은 수학 문제 풀기, 분류하기, 분실물 찾기). • 그 과정에서 열등한 반응이 폐기될 것이기 때문에 '주의 깊게 다루는' 반응이 성공으로 이어질 가능성이 얼마나 높은지 보여 주라(예: 수학 문제를 추측해서 풀기보다는 논리적 계산을 사용하여 해결하기). • 다른 상황에서 전략을 다시 사용할 수 있기 때문에 문제를 해결하기 위해 적절한 조사 전략을 사용하는 것이 해답만큼 중요할 수 있는 방법임을 보여 주라.
〈자기 규제 및 행동 통제〉 교사는 자기 규제를 격려하여 학생들이 자신의 좌우명을 만들 수 있도록 요구한다. "충분히 생각한 후에 말을 하세요."	• 학생들에게 좌우명을 만들어 자신의 행동을 점검하고 임의의 충동적인 반응을 조절할 수 있도록 하라(예: '쓰기 전에 생각하라!'). • 전략을 개선시키기 위해 '내가 무엇을 해야 하지? 내가 그것을 어떻게 해야 할까? 내가 어떻게 그것을 확인해야 하지?'와 같은 질문을 하게 하라. • 학생들을 격려해 시행착오적 답변의 비효율성에 대해 성찰하고 스스로 수정할 수 있도록 하라. • 학생들에게 주장을 비판적으로 평가해 그것을 수정할 수 있도록 하는 방법을 보여 주라.

| 〈유능감〉
교사는 과제에 대한 체계적인 접근을 보상한다.

"네 전략이 어떤 도움을 주었는지 확인해 봐. 잘했어" | • 답이 틀릴지라도 과제에 접근하는 전략의 개발을 칭찬하라.
• 시간을 들여 학생의 구체적 어려움을 확인해 개별적으로 도움을 주라.
• 구체적이고 과제지향적인 답변에 초점을 맞추라. 일단 체계적인 접근이 확립되면 보다 추상적인 전략으로 나아가라. |

표현적 언어 도구

설명

출력 단계에서 언어 코드는 더 복잡한 관계를 설명하는 데 사용되고, 훨씬 더 추상적인 활용과 관계에 대한 이해와 소통을 용이하게 해 준다(Feuerstein et al., 1986, 3.7).

학생은 일상 언어에 어려움을 갖고 있다.

적절한 표현적 언어 도구	손상된 표현적 언어 도구
적절한 표현적 언어 도구는 다음을 할 수 있다는 것을 의미한다. • 이해할 수 있도록 반응을 언어적으로 전달한다. • 표현적 언어를 사용한다(예: 당신이 의미하는 바를 말하기, 과정을 설명할 표식 찾기, 명확하고 정확한 설명을 할 올바른 단어를 선택하기). • 명확하고 효과적으로 답을 전달하기 위해 장기 기억에서 적절한 단어를 선택한다.	손상된 표현적 언어 도구를 보여 주는 학생은 다음과 같을 수 있다. • 소통 기술이 부족하다(예: 말보다는 몸짓을 사용하기). • 부족한 지식과 어휘, 문법 그리고 문장 구조(구문)를 사용한다. • 융통성이 없고 창의력이 부족하며, 적절한 단어, 구, 절 및 문장을 선택하는 데 어려움을 겪는다. • 언어적 유창성이 부족하고, 장기 기억에서 단어, 구 및 문장의 회상이 부적절하다(따라서 반복, 일시 정지, 부정확한 말 사용, 단어 찾기 어려움, 우회, 단어 과용 등이 발생할 수 있다). • 문제에 대한 해결 방법을 찾지만 다른 사람에게 이 목표를 달성하는 방법을 설명할 수 없다.

다양한 경우	사례
입력 단계에서 구체적인 언어 표식이 없으면, 정교화 단계에서 작업에 대해 생각하고 해결할 수 없게 된다. 출력 단계에서 부적절한 구두 표현은 아이디어, 답변 및 해결책에 대한 의사소통을 방해한다.	교실에서 학생들은 효과적으로 질문을 하고 질문에 대답하지 못할 수도 있다. 이것은 아이디어를 명확하고 간결하게 표현하거나, 지시를 따르거나, 정보를 요약하는 것을 어렵게 할 수 있다. 영어 수업에서 학생은 자신의 관점을 표현하기 위해 고군분투하고 창의적이고 서술적인 언어를 사용하는 데 어려움을 겪을 것이다.

전략	
예제	손상된 표현적 언어 도구를 교정하는 전략
〈유능감〉 교사는 어휘를 확장시킨다. "이 사진에 있는 동물을 묘사하기 위해 얼마나 많은 단어를 생각할 수 있는가?"	• 자신감을 기르는 다양한 주제에 대한 자발적인 토론을 격려하라. • 어휘력 강화 프로그램을 구성하기 위해 학생들의 언어 능력을 결정하라.
〈의미〉 교사는 정확한 언어 사용을 격려한다. "여기서 '격노하게 하다'라는 표현은 잘못 사용되었어. 문장의 의미를 다시 말해 봐."	• 학생들을 격려해 여러 대체 단어를 사용해 가장 정확하거나 설명적인 단어를 선택한 것에 대해 칭찬하라. • 학생들이 대화에서 자신감을 쌓기 위한 전략으로 자기 대화를 사용하도록 권장하라. • 난이도가 구두 또는 서면 양식으로 제한되는지 여부를 결정하고 두 가지 방법을 모두 사용할 기회를 제공하라. • 영화, 드라마 또는 사진에 대해 토론함으로써 언어의 의미 있는 사용을 장려하라. • 정확한 언어 사용을 실천하기 위한 연습을 제공하라(예: 문장 완성 및 빈칸 채우기). • 비유적이고 창의적인 언어를 사용하여 학생들이 아이디어를 정교화하고 상세히 설명할 수 있도록 도우라. • 구조 분석이나 단어 해독을 위한 기회를 제공해 언어에 대한 더 나은 이해를 촉진시키라.

〈소속감〉
교사는 관계의 표시와 설명을 권장한다.
 	
'네 어머니의 아버지의 아버지는 너희 어머니 편에서 너의 증조 할아버지가 될 거야.'
	• 일상생활 속에서 관계를 정확하고 간결하게 표현할 수 있는 다음과 같은 연습을 제공하라.
	  – 가족에게 올바른 호칭 연결하기(예: 고모, 할머니, 조카, 둘째 사촌)
	  – 다른 문화권에서 이러한 관계 단어 연구하기(예: 부바, 나나, 이모 등)
	  – 학생들이 수업에서 가족관계도를 공유하도록 허용하기
	  – 개인이 자신의 문화와 언어에 대해 다른 학생들과 이야기하도록 격려하기
	• 학생들이 자신의 단어, 아이디어, 역할극 등을 사용하여 자신의 가족에 대한 경험을 전달하고 해석하도록 권장하라.

자료 출력

설명

우리는 개인과 그의 환경 사이의 상호작용 과정의 결과로서 정확성과 정밀성이 필요하며, 삶에 대한 태도와 스타일 접근 방식을 다시 반영한다(Feuerstein et al., 1986, p. 67).

킬로그램으로 거리가 측정되지 않네.

학생의 답변은 부주의한 실수로 특징지어진다.

정확하고 정밀한 자료 출력	손상된 자료 출력
정확하고 정밀한 자료 출력은 다음을 할 수 있다는 것을 의미한다. • 상세하게 정확한 답변으로 소통한다. • 수집된 정보의 삭제 및 왜곡 없이 효율적으로 자료를 전달한다. • 신중한 고려와 수집된 재료를 선택적으로 사용하는 답변을 한다. • 구체적이고 적절한 정보를 수집하여 제시해야 할 필요성을 내면화한다. • 명확하고 적절한 방식으로 정보를 표시하는 습관을 개발한다. • 사실을 상대적 조건이 아닌 절대적 용어로 설명하고 근사치를 사용하는 대신 정량화한다.	손상된 자료 출력을 보이는 학생은 다음과 같을 수 있다. • 수집된 사실과 세부 사항을 누락하거나 왜곡하여 부정확하거나 불완전하게 자료를 전달한다. • 좁거나, 일방적이거나, 불분명하거나, 모호하게 반응한다. • 비교와 종합과 같은 인지 기술이 정교화 단계에서 효과적이지 않았기 때문에 자료를 무의미한 방식으로 제시한다. • 시행착오 반응, 성급하고 미숙한(충동적인) 반응, 자료가 부정확하고 불완전하게 생산된 결과로 인해 언어의 미숙한 사용을 보인다. • 질문에 대한 답변에서 무관하고 부적절한 정보에 주의를 기울인다.

다양한 경우	사례
입력 단계에서 정확성과 정밀성은 정보를 명확하게 체계적으로 모아야 얻어진다. 이는 정교화 단계에서 문제 해결이 심각한 오류 없이 이루어졌다는 것을 말한다. 출력 단계에서, 답변은 효과적이고 정밀하게 소통될 것이다.	그 학생은 문제를 체계적이고 철저하게 해결하고자 하는 욕망이나 필요를 발전시키지 못했다. 그 학생의 작품은 부주의한 오류와 부적절한 세부 사항으로 인해 계속해서 흠집이 나고 있다. 그 학생의 수학 문제는 제외된(부정확한) 숫자들을 반영하거나, 영어 에세이는 모호하고 혼란스러울(부정확할) 수 있다.

전략	
예제	손상된 자료 출력을 교정하는 전략
〈의미〉 교사는 정밀함의 가치를 지적한다. "조(Joe)의 답변이 뛰어났던 것은 그가 설명을 주의 깊게 읽었기 때문이다."	• 부정확한 자료 수집이 어떻게 소통을 왜곡하고 잘못된 답변을 초래하는지 보여 주라. • 부정확하게 생성된 지식의 차이에 대한 피드백을 제공하고, 이것이 현재 논의 중인 주제에 대한 이해가 어떻게 부족하게 되는지를 보여 주라. • 수집된 정보의 정확한 의사소통을 개선하기 위한 학습 기술을 증진시키라(예: 주요 아이디어 찾기, 주요 단어 요약, 중요한 사실 상세히 기술하기).
〈초월〉 교사는 정보를 줄 때 정확성을 요구한다. "슈, 워싱턴 D.C. 현장 견학 일정의 정확한 세부 사항을 우리에게 줘."	• 학생들이 보고 듣고 만지는 경험을 설명할 때 세부 사항에 집중하도록 격려하라. • 학생들이 역할극을 하고 일상의 사건에 대한 보고서를 제시하게 하라(예: 신문 기자, 탐정, TV 인물, 스포츠 해설자, 여행 가이드). • 정확하고 정밀한 전달 측면에서 정치 연설, 신문 편향성 등을 분석하라.

〈자기 규제 및 행동 통제〉 교사는 자기 수정을 격려한다. "이 에세이는 혼란스럽다. 다시 작성해 각 문단이 새로운 아이디어를 다룰 수 있도록 하라."	• 학생들이 다른 사람들에게 명확한 지시를 하도록 격려하고, 그리고 어떻게 부정확한 의사소통이 오해를 초래할 수 있는지를 행동하게 하라. • 명확한 단계별 지침을 제공하여 학생들의 답을 안내하라. • 학생들의 정밀도 지침 수립 필요성을 장려하여 중재자에 대한 의존도를 점차적으로 감소시키라. • 보고서나 이야기와 같은 정보를 정확하지 않거나 터무니없이 제시하고, 학생들에게 프레젠테이션의 오류를 정확히 지적하도록 요청하라. • 학생들이 에세이를 제출하기 전에 다시 작업하도록 격려하라. • 학생들이 '교사가 되어' 평가하면서 학습하기 위해 자신의 작업을 수정하게 하라.

시각 전달

설명

시각 전달의 결함은 발달이 늦은 수행자가 시각적으로 많은 선택적 대안에서 누락된 부분을 전달함으로써 주어진 이미지를 완벽하게 표현하는 데 어려움이 있는 것으로 정의한다 (Feuerstein, 1980, p. 101).

학생이 시각적 이미지를 전달하는 데 어려움이 있다.

정확한 시각 전달	손상된 시각 전달
정확한 시각 전달은 다음을 할 수 있다는 것을 의미한다. • 지각한 다음 시각적 세부 사항을 선명하게 기억한다. • 개념을 왜곡하지 않고 정확하게 식별하고 재현하기 위해 익숙하고 확실한 개념을 언급한다(예: 정사각형을 다시 그리기 위하여 정사각형과 직사각형의 차이를 이해하기). • 이미지를 마음속에 떠올려 한 곳에서 다른 곳으로 이동한다(예: 원을 다양한 프레임과 배경에 넣어 보기). • 이미지를 내적으로 방향을 바꾸기 위해 시각적 세부 사항을 마음속으로 조작한다(예: 퍼즐 조각을 회전해 조각 맞추기).	손상된 시각 전달은 다음과 같은 것을 보일 수 있다. • 개념 이해의 부족(예: 모델이 사각형인데 삼각형 그리기) • 미숙한 기준체계(예: 왼쪽, 오른쪽, 위, 아래를 설명하지 못함) • 관련된 충분한 시각적 단서에 집중하지 못함(예: 보드에 있는 내용을 판서할 때 단어를 잘못 씀) • 시각적 기억이나 회상을 못함(예: 글을 쓰거나 기억나는 그림을 그릴 수 없음)

다양한 경우	사례
입력 단계에서 시각적 정보를 명료하게 인식해야 한다. 정교화 단계에서 이 정보를 마음속으로 조정하여 출력 단계에서 재생산해야 한다. 이 재생산은 처음에 인지되었던 영역과는 다른 영역으로 전이되어야 한다.	시각 전달이 손상된 학생은 평행사변형을 직사각형으로 재현하거나 숫자 2를 5로 반전시킬 수 있다. 이 경우 시각적 정보가 잘못 생산되었다. 학생들은 또한 실제 존재하지 않는 자극을 다시 그리는 데 어려움이 있다(예: 기억을 통해 집 그림을 그리거나 퍼즐 조각들을 조립하기).

전략	
예제	손상된 시각 전달을 교정하는 전략
〈의도성과 상보성〉 교사는 자극에 대해 주의 깊고 통제된 집중을 하도록 격려한다. "시간을 갖고 주의 깊게 관찰해 그것을 베끼기 전에 자세히 묘사하라."	• 시각적인 사람들을 돕기 위해 언어적 양식을 사용하라(예: [시각적으로 전달된] 베껴진 이미지를 묘사하고 이름을 붙이라). • 특정 영역(예: 색상, 확대, 밑줄)을 강조하여 학생들이 자극의 특정 세부 사항에 주의를 집중하도록 격려하라. • 장시간 시각적 자극에 집중하게 하라. 이것은 명확하고 체계적인 자료 수집을 가능하게 한다. • 학생들이 시각적 자료를 기억하기 위해 사용할 수 있는 기법을 그들에게 보여 주라(예: 눈이나 손가락으로 보드의 패턴을 추적하기).
〈자기 규제와 행동 통제〉 교사는 정확하게 베끼는 전략을 제안한다. "그것을 정확히 베꼈는지 왼쪽에서 오른쪽으로 확인해 보자."	• 학생들이 물리적 표현을 하기 전에 이미지를 다시 시각화하도록 격려하라(예: "그리기 전에 머릿속에 그림을 그리세요."). • 학생들이 자신의 말로 과제를 설명하도록 격려함으로써 충동성을 통제하라. • 시각 정보를 올바른 순서로 전달하는 것이 중요하다는 점을 강조하라(예: 단어는 특정 순서를 가진 글자들입니다). • 시각 전달의 정확성을 평가하기 위해 원래 모델을 확인해야 할 욕구를 발달시키라. • 학생들이 2인 1조로 작업하고, 서로의 작업을 확인하고, 베낄 때 오류를 설명하도록 격려하라.

〈공유〉 교사는 정확성을 확인하기 위해 베낄 때 분석을 격려한다. "모든 단어는 끝에 -ing로 끝나야 한다."	• 학생들이 시각적 자극을 분리하여 부분들로 나눌 수 있도록 함으로써 시각적 자극들에 의미를 부여하도록 도와주라(예: 접두사 및 접미사, 어근, 복잡한 그림에서 정사각형 찾기). • 학생들이 공간에서 시각적 이미지를 정확하게 위치시킬 수 있도록 기준을 설정하라(예: 전치사의 의미 있는 사용, 왼쪽·오른쪽, 위·아래 이해하기). • 의미가 있는 것들을 명확히 하기 위해 복사된 정보를 학생들이 다시 읽도록 격려하라.

행동

설명

충동성은 출력 단계에서 명확해질 수 있다. 한 가지 공통된 현상은 아이들이 제공하는 터무니없고, 전혀 예상치 못하는 잘못된 답이다 (Feuerstein, 1980, p. 80).

조급하게 반응하는 학생들은 본질적인 세부 사항들을 놓칠 것이다.

적절한 행동	충동적이거나 저지르는 행동
적절한 출력 행동은 다음을 할 수 있다는 것을 의미한다.	충동적이거나 저지르는 행동을 표현하는 학생은 다음과 같을 수 있다.
• 모든 정보가 체계적으로 처리될 때까지 반응을 연기한다(즉, "잠깐만요, 생각 좀 해 볼게요."). • 과제를 빨리 해결하려는 욕구와 과제를 정확하게 완성하기 위해 적절한 주의를 기울이려는 욕구에 대한 균형을 맞춘다(즉, 올바른 답이 빠른 답변보다 훨씬 낫다). • 정확한 반응을 하기 위한 적절한 탐색 전략을 사용한다. • 적절한 답변에 도달하기 위해 감지되는 모든 정보(촉각 혹은 청각)를 주의 깊고 체계적으로 처리한다.	• 부적절하게 행동한다(예: 익살 부리기, 소리치기, 순서를 지키고 답변을 주는 것이 어려움). • 세부 정보에 충분한 주의를 기울이지 않고 부주의하게 답변한다. • 자료를 적절히 모아 답변을 계획할 시간을 갖지 않고 잘못된 답변에 도달한다 • 한 가지 표현 방식으로는 정확한 답변을 주지만 다른 방식에서는 그렇지 못한다(예: 정확한 구두 답변이지만, 문장은 부정확한 경우). • 빠르고 재치 있는 답변으로 동료나 교사에게 감동을 주기 위해 마음에 처음 떠오르는 것을 말한다.

다양한 경우	사례
학습 상황에서 계획하지 않고 성급하게 탐구하는 것은 세 가지 사고 단계에 영향을 끼친다. 입력 단계에서 그것은 문제에 공감하지 않는 접근을 하도록 만든다. 정교화 단계에서는 문제를 체계적으로 생각하지 못하게 한다. 출력 단계에서는 서두르거나, 미숙하거나, 잘못된 답변으로 나타난다.	교실에서 학생은 모든 자료를 활용할 수 있는 기회를 갖기 전에 먼저 가장 중요한 자극에 노출될 것이다. 이는 결과적으로 다양한 기능 영역에서 터무니없고, 때론 전혀 예상하지 못하는 오답의 결과를 도출한다(예: 시험 혹은 검사에서 불안한 학생은 주의 깊게 생각하지 않고 답변을 한다).

전략	
예제	충동적이거나 저지르는 행동을 교정하는 전략
〈자기 규제와 행동 통제〉 교사는 자기 통제를 격려한다. "'네가 쓰기 전에 생각하라'는 것을 상기시키기 위해 너 자신의 좌우명을 생각해 내라."	• 빠르고 재치 있는 대답을 삼가라. • 질문을 제시한 후, 학생들에게 충분한 시간을 두고 답변을 만들게 하라. • 학생들에게 자신의 행동을 점검하도록 하여 답변 반응을 지연시키고 자기 성찰을 할 수 있도록 하라. • 행동하기 전에 미리 계획하고 정보를 평가하려는 욕구를 높여 주라. • 충동성을 억제시키기 위한 전략에 대해 토의하라(예: 1에서 10까지 먼저 셈하게 하여 감정을 억제시키기, 에세이를 쓰기 전에 마인드맵을 그려 보기)
〈의미〉 교사는 조절을 위한 이유를 제공한다. "모든 면을 고려해 봐. 그렇지 않으면, 네 결론이 불완전해질 거야."	• 학생들이 서로 다른 상황에서 적절히 행동해야 되는 이유와 방법에 대해 생각하도록 요구하라(예: 교실에서 행동하는 것과 운동장에서 행동하는 것은 서로 다르다). • 성급하게 접근하는 것은 위험한 결과를 일으킬 수 있다는 것을 설명하라(예: 길을 성급히 건너기). • 답변을 할 때, 모든 관련 자료를 포함시키고 열거하고, 비교하고 요약하도록 학생들을 격려하라. • 결과(예: 답 혹은 산출물)보다 의미(예: 거친 원고 혹은 시도한 접근들)의 중요성을 강조하라.

〈유능감〉 교사는 성찰적 사고를 칭찬한다. "잘했어! 대답하기 전에 그것을 충분히 생각했구나."	• 처음에 자신이 제일 편하고 가장 충동성이 나타나지 않는 방식으로 자신을 표현하도록 하라(예: 글로 써 답변하기 전에 말하기). • 부적절한 행동을 제어하기 위한 시도에서 학생들이 나아진 점을 인정해 주라. • 학생에게 대답하기 전에 자신의 순서를 기다린 것에 대해 보상해 주라. • 학생들에게 자신들의 대답을 개선시킬 수 있는 도구와 전략을 제공해 주라(예: 듣기 기술, 역할 놀이).

작업 페이지

다음의 출력 역기능을 명확히 하기

1. 표현 언어에 대한 어려움

_____

2. 답변을 함부로 추측하는 경향

_____

3. 문제에 대한 부정확하거나 불완전한 답변

_____

4. 시각적 세부 사항을 기억한 이후 단계에서 다시 기억해 내기가 어려움

_____

5. 통제되지 않으며, 부적절한 반응들

_____

6. 다른 관점에서 사물을 구별하거나 보기가 어려움

_____

7. 새로운 반응의 시작 부족 및 자극의 개방적 회피

_____

작업 페이지

인지 역기능 일치시키기	
학생은	다음의 역기능이 보인다
1. '어리석은' 실수를 저지른다(예: 뺄셈 대신 덧셈을 사용).	a. 충동적 출력 행동
2. 감정적으로 반응하거나 다른 관점에서 사물을 볼 수 없다.	b. 방어하는 행동
3. 미리 계획하고 체계적으로 작업하는 데 어려움이 있다.	c. 자기중심적인 의사소통
4. 사각형 모델을 보고 삼각형을 그린다.	d. 자료 출력의 부정확함
5. 정답을 설명하는 데 어려움이 있다.	e. 시행착오적 답변
6. 답안지를 찢는다.	f. 손상된 시각 전달
7. 확인하지 않고 바로 답안을 써 버린다.	g. 손상된 표현적 언어 도구

제4부

메타과제

인지 지도

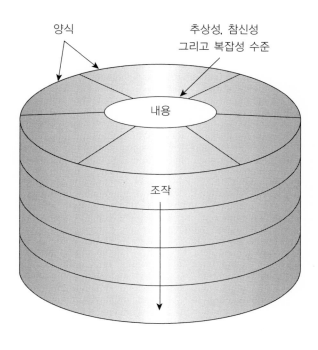

- 학습경험은 어떻게 수정될 수 있을까?
- 과제 해결에 필요한 사고 기술들은 무엇인가?
- 과제는 어떻게 제시되는가? 주제는 달라질 수 있는가?
- 과제가 구체적이거나 추상적인가?
- 과제가 얼마나 특이하거나 어려운가?

4부는 포이에르스타인의 인지 지도 모델에 대해 토의함으로써 이러한 질문들에 답한다.

제17장

과제 분석하기

마지막 4부는 포이에르스타인이 학습과제를 구성하고 분석하기 위해 개발했던 인지 지도와 도구를 요약하고 있다. 이 지도를 통해 교사 혹은 보호자는 학습경험을 수정 혹은 변화시켜 학습자가 왜 그리고 어디에서 인지적 어려움을 갖고 있는지를 확인할 수 있다. 인지 지도를 하나의 도구로 사용해 학습경험을 분석하고 조작하여 인지 장애를 규명해 사고를 증진시켜, 과제에 집중할 수 있도록 함으로써 메타과제 사고에 몰입할 수 있게 한다. 이것들을 통해 우리는 다음 질문에 답을 할 수 있다.

효율적인 사고 기술을 규명하고 발달시키기 위해서 학습과제는 어떻게 분석될 수 있을까?

인지 지도는 4개의 분석층으로 구성되어 있어 그것을 풀어 보면 과제의 구체적인 면들에 집중할 수 있다. 각 층은 서로 다른 분석 영역과 상호작용의 기회를 제공하고 있다. 이들 4개의 층이 집중하는 것은 다음과 같다.

1. 과제의 내용 혹은 주제
2. 과제를 표현하는 양식 혹은 언어

3. 과제의 추상성, 참신성 그리고 복잡성의 수준
4. 과제에 요구되는 인지 조작 혹은 사고 기술

각 층을 분석해 개별적으로 변화시킨 후 전체 층을 다시 합친다. 이러한 과제의 분석과 통합을 통해, 여러 가지 변화를 만들어 중재자가 학습경험에 접근할 수 있는 여러 방법을 제공해 준다. 명칭이 제안하고 있듯이, 인지 지도가 제공하는 지도를 통해 교사는 학습 상황의 길을 찾아 인지 기능을 다시 중재할 수 있다.

> 이 개념 모델은 지형적 감각의 지도가 아니라 특정 문제 영역을 찾아 해당 차원에 대한 변화를 만들어 내는 도구이다.
>
> – 포이에르스타인 외, 1985, p. 1.4

내용

인지 지도 분석의 첫 번째 층은 정신적인 행동을 중심으로 하는 내용(content)의 세계이다. 내용을 분석할 때 중재자가 물어볼 필요가 있는 질문들은 다음과 같다.

- 내용 혹은 주제는 무엇인가?
- 주제가 학습자에게 친숙한가?
- 주제는 인지 발달을 돕기 위해 달라질 수 있는가?

과제 몰입의 성공은 학습자가 그 내용에 친숙하고 편안해하는지에 달려 있다. 이것은 학습자의 배경, 학교경험, 문화 그리고 지난 경험에 달려 있다. 만일 학습자가 그 내용에 익숙하지 않거나 혹은 불편해한다면, 이것은 문제 해결에 몰입하는 능력을 방해하게 될 것이다. 기저에 있는 인지적 도전을 해결하는 것보다 오히려 내용을 이해하려고 노력하는 것이 강조되어야 할 것이다.

다음 사례를 생각해 보자.

　어떤 영어 교사는 시(poetry) 수업에서 학생들이 특정한 직유와 은유 같은 형상화하는 인지 기술에 어려움을 겪고 있다고 우려하고 있다. 수업에서 공부하고 있는 시는 백조의 은유법을 사용한다. 그래서 교사는 학생들에게 백조가 무엇인지 또는 백조를 본 적이 있는지 안다면 손을 들라고 말한다. 하지만 어떤 누구도 손을 들지 않는다. 그 학급은 백조를 볼 수 있는 호수와 공원 또는 동물원과 같은 곳에서 동떨어져 있는 사회-경제적으로 낙후된 도시 지역에 살고 있는 집단의 아이들로 구성되어 있다. 따라서 문제가 되는 것은 형상화하는 인지 기술(직유와 은유)이 아니라 오히려 학습자에게 전혀 생소한 '백조'의 내용 또는 주제가 문제라는 것이다. 그래서 교사가 건물과 교통, 붐비는 거리의 이미지를 사용하면 학생들은 자신의 직유와 은유를 이해하고 형성하는 데 어려움을 갖지 않는다. 따라서 이러한 학습자들의 환경, 배경 및 문화는 어떤 내용이 더 친숙한지를 결정하며, 이는 그들의 생각에 영향을 미친다.

> **앞 과제의 내용에 대한 질문을 인지 지도 내에서 사용한다면 다음과 같다.**
> - 내용 혹은 주제는 무엇인가?
>   답: 시의 내용은 백조에 관한 형상화이다.
> - 주제가 학습자에게 친숙한가?
>   답: 아니다 - 도시 지역 학생들은 야생 백조에 익숙하지 않다.
> - 과제의 인지 발달을 돕기 위해 주제는 바뀔 수 있는가?
>   답: 그렇다 - 익숙한 내용(예: 바쁜 거리 이미지)을 사용하여 직유와 은유 개념을 가르치거나 그림, 이미지, 동물원 가기 등을 통해 백조라는 내용을 학습자들에게 노출시킬 수 있다.

양식

인지 지도 분석의 두 번째 층은 양식(modality), 혹은 콘텐츠를 표현하는 언어이다. 과제를 표현하는 양식은 언어, 사진, 수, 수식, 상징, 그래픽 또는 이들의 조합일 수 있다. 양식은 우리가 문제를 해결할 때 양식을 선호할 정도로 학습에 영향을 미친다. 어떤 학습자는 시각적인 사고를 하는 사람이지만, 어떤 학습자는 말로 표현하는 방식을 선호한다. 다른 양식의 내용은 다른 반응을 만들 수 있다. 양식이나 언어를 분석할 때 중재자가 물어야 할 질문들은 다음과 같다.

- 과제가 어떻게 표현되고 있는가? 글, 말, 사진 등?
- 표현 양식이 달라질 수 있는가?

서로 다른 많은 양식을 중재에서 사용해 보지 않고 인지적 어려움을 진단하는 것은 신뢰할 수가 없다.

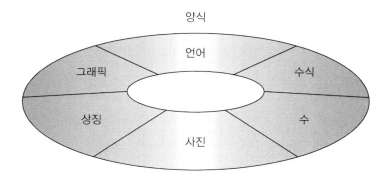

다음의 사례를 생각해 보자.

어떤 어머니가 아들에게 돈을 주고 가게에 가서 어린 동생을 위해 막대사탕을 3개 사오라고 한다. 그녀는 아들이 얼마나 많은 변화를 수용해야 하는지 묻고 있다. 아이는 수학 연산을 말로 표현할 때, 머릿속으로 계산하는 데 어려움을 갖고 있다. 그래서 이런 양식으로 제시되는 경우, 아이는 합에 관한 이야기를 숫자로 변환하여 머릿속으로 수치적인 계산을 해결하고 나서 다시 말로 답변을 해야 한다. 그는 머릿속으로 계산하여 이것을 수행할 수는 없지만, 펜과 종이가 주어진다면 그 수들을 종이에 써 곱셈을 이용해 빨리 해결할 수 있다. 어려움은 말로 표현하는 양식에서 생긴 것이지, 인지적인 수학 과제를 해결하는 능력의 부족에서 기인한 것이 아니다. 그래서 이러한 능력을 오직 한 가지 표현 양식으로 제시하여 수학적 추론을 이해하는 데 어려움이 있다고 제안하는 것을 신뢰할 수 없을 것이다.

앞 과제의 양식에 대한 질문을 사용한다면 다음과 같다 .

• 과제가 어떻게 표현되고 있는가? 글, 말, 사진 등등?

  답: 수학적 추론 문제는 합 이야기와 같은 말로 표현되었다.

• 표현 양식이 바뀔 수 있는가?

  답: 그렇다. 서면 형식(펜과 종이)으로 숫자를 사용하여 양식을 수식으로 바꿀 수 있다.

추상성, 참신성 그리고 복잡성 수준

인지 지도 분석의 세 번째 층은 과제의 추상성, 참신성 그리고 복잡성의 수준이다. 이것들은 과제가 구체적인지(직접 해 보는), 학습자에게 친숙한 것인지 그리고 얼마나 어려운지와 관련이 있다. 추상성, 참신성 그리고 복잡성의 수준을 분석할 때 중재자가 물어볼 질문들은 다음과 같다.

• 과제를 구체적인 형태에서 추상적인 형태로 이동시키는 방식으로 표현할 수 있는가?

- 학습자를 연습시켜 과제에 훨씬 더 익숙하게 할 수 있는가?
- 처음에는 쉬운 과제 사례를 주고 그런 다음 어려운 과제를 줄 수 있는가?

모든 과제에서 학습자들에게 구체적인 것에서 추상적인 것으로, 익숙한 것에서 참신한 것으로, 쉬운 것에서 복잡한 것으로 이동할 수 있는 기회를 주어야 한다.

추상성, 참신성 그리고 복잡성의 수준

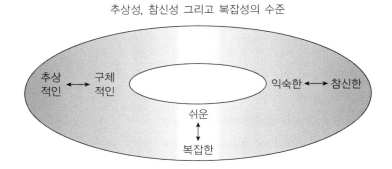

다음 사례를 생각해 보자.

어떤 아이가 직소 퍼즐을 맞출 때, 종합(Synthesis)하는 인지 작용에 어려움을 갖고 있다. 이 과제에는 종합 기술을 가르치기 위해 조작할 수 있는 서로 다른 많은 요소들이 존재한다. 처음은 추상성 단계이다. 만일 학생에게 떨어져 있는 조각들을 보고 직소 퍼즐을 맞추도록 요구한다면, 그것은 매우 고도화된 추상화 과제가 된다. 이것은 각각 분리된 부분들에 의미를 부여하고 그 조각들을 통합하여 머릿속으로 가설적인(추상적인) 전체를 만드는 것에 해당된다. 아이에게 완성된 직소 퍼즐의 실제 그림을 보여 줘 계속 시도해 볼 수 있도록 함으로써 추상적인 작업을 훨씬 구체화할 수 있다. 그래서 아이는 구체적인 그림에서부터 작업을 하면서 조각들을 맞춰 추상적인 통합된 전체를 만들게 될 것이다.

과제의 참신성 단계는 직소 퍼즐 과제를 중재할 때 생각해야 할 두 번째 영역이다. 만일 아이가 퍼즐을 해결하는 것이 처음이라면 이것은 그에게 매우 생소하여 무엇을 먼저 하고 그다음에 어떻게 해야 할지 맞춰 나가는 것에 인지적 과부하가 될 수 있다. 이에 중재자는 또 다른 직소 퍼즐을 맞춰 보는 시범을 보여 주고, 조각들을 모아 전체를 맞추는 종합 기술을 보여 줄 수 있다. 중재자는 학습자와 함께 몇 개의 퍼즐을 맞춰 보고, 절차에 대한 틀을 제공하여 점진적으로 지원을 줄여 갈 수 있다. 과제가 익숙해질수록 학습자는 더 능숙해질 것이다.

복잡성의 단계는 직소 퍼즐을 중재할 때 생각해야 할 세 번째 영역이다. 직소 퍼즐은 퍼즐 조각의 수부터 3차원 모델로 설계해야 하는 복잡성까지 어려움이 폭넓게 담겨 있다. 중재자는 몇 개의 조각을 갖고 단순한 그림을 맞춰 보면서 종합을 가르치기 시작할 수 있다. 점진적으로 난이도를 높여 학습자가 퍼즐을 맞출 때 모든 변수들을 생각하도록 할 수 있다. 예를 들어, 색깔, 모양, 그리고 크기 등을 동시에 살펴 가면서 생각해 보도록 한다. 학습자가 종합하는 기술에 능숙해질수록 복잡성의 단계는 증가할 수 있다.

앞 과제의 추상성, 참신성 그리고 복잡성의 수준에 대한 질문을 사용한다면 다음과 같다.

- 과제를 구체적인 방법으로 제시할 수 있는가?

  답: 그렇다. 직소 퍼즐 전체의 구체적인 모습을 보여 줘 작업을 진행해 나갈 수 있는 구조를 제공함으로써 각 조각들이 어떻게 맞춰져 전체가 될 수 있는지를 머릿속으로 해석할 수 있도록 할 것이다.

- 학습자를 연습시켜 과제에 훨씬 더 친숙하게 할 수 있는가?

  답: 그렇다. 직소 퍼즐을 하는 방법과 무엇을 해야 할지 시범을 보여 주고 학습자와 함께 먼저 맞춰 보는 것은 학습경험의 틀을 만들 수 있도록 도와준다.

- 처음부터 쉬운 과제를 소개할 수 있는가?

  답: 그렇다. 난이도를 낮춰 학습자가 과제에 익숙해지도록 한 후 보다 복잡한 요소와 사례들을 주도록 한다.

인지 조작

인지 지도 분석의 마지막 층은 과제가 요구하는 인지 조작(cognitive operation) 혹은 사고 기술이다. 어떤 정신적인 활동이든지 문제를 해결하는 것은 가장 간단한 수준(예: 문제를 규명하고, 항목을 비교하는 것)에서 복잡한 사고 기술(예: 귀납적 추론, 전이적 사고)까지 폭넓은 사고 기술을 필요로 한다. 어떤 과제든지 인지 조작의 층들을 분석해 구체적으로 어려운 지점을 찾아 효율적으로 중재할 수 있도록 해야 한다. 인지 조작을 분석할 때 중재자가 물어야 할 질문들은 다음과 같다.

- 이 과제를 해결하는 데 필요한 사고 기술은 무엇인가?
- 이 사고 기술을 어떻게 중재할 수 있는가?

인지 조작을 일으키는 인지 기술을 중재해 보지 않고 인지 조작의 전체적인 어려움을 진단하는 것은 신뢰할 수 없다.

조작

비교

분석

종합

범주화

등등

다음 사례를 생각해 보자.

    어떤 직업 상담사가 수업에서 학생들이 자신들의 미래 직업 방향을 결정할 수 있도록 돕고 있다. 이것은 복잡한 의사결정 연습으로 여러 가지 다른 사고 기술이 개입되어야 한다. 이들 중 가장 기본적인 것은 다양한 직업 선택사항을 식별하고 설명하는 것이다. 일단 학생들이 식별과 설명 기술을 터득하면, 그들은 비교할 수 있어야 한다. 비교의 인지 기술은 관련이 있는 적절한 판단기준을 선택하여 비교하는 것이다. 직업 선택의 경우, 그 판단기준은 가치, 생활방식, 홍미 그리고 기술과 같은 것들이 될 수 있다. 학생들은 자신의 가치, 기술 그리고 관심을 확인하고 이것들에 다양한 직업 선택을 연결시킬 수 있을 것이다. 그리고 서로 다른 직업을 생활방식, 직업 기회, 연봉 등을 토대로 비교할 수 있다. 평가와 의사결정이라는 복잡한 기술을 함양하기 위해 식별, 묘사 그리고 비교와 같은 조작이나 기술들 중의 하나가 중재될 수 있다.

> **과제에 필요한 사고 기술을 가르칠 수 있는 인지 조작에 대한 질문들은 다음과 같다.**
> - 이 과제를 해결하는 데 필요한 사고 기술은 무엇인가?
>   답: 직업 선택에 관한 의사결정에서는 식별, 묘사, 비교, 평가 이 모든 것들이 필요하다.
> - 이러한 사고 기술들은 어떻게 중재될 수 있는가?
>   답: 식별과 묘사는 자세하게 주의를 기울이는 것과 검색 기술을 필요로 한다.
>   비교는 공통점과 차이점을 보는 것이다.
>   평가는 적절하며 관련 있는 판단기준을 토대로 논리적인 판별을 필요로 한다.
>   앞에서 요약한 대로, 인지 지도를 통해 중재자는 과제를 조작하여 난이도를 확인해 필요한 인지 기술을 가르칠 수 있다.

    포이에르스타인의 도구적 심화(Instrumental Enrichment: IE) 프로그램은, 인지 지도를 사용함으로써, 다음의 사고 기술들을 가르치기 위해 고안되었다.

- 조직화
- 비교
- 공간에서의 방향
- 분석적 지각
- 범주화
- 일시적 관계
- 지시 따르기
- 수열
- 전이 관계
- 삼단 논법

이러한 것들은 교실, 집, 그리고 상담 맥락에서 연결될 수 있다(『교실 안팎에서 인지 잠재력을 깨우는 연결학습(Bridging Learning, In and Out of the Classroom Manual)』(2019) 참조).

작업 페이지

다음에 제시된 사례들에서, 인지 지도를 사용해 과제를 분석하고 변형해 보세요.

예: 단어 범주화 과제

다음 표를 사용하여 단어 목록을 4개의 서로 다른 범주에 분류하여 배치하고 각 범주에 대한 개념을 제시하시오.

〈바질(허브의 일종), 오렌지, 커스터드, 당근, 셀러리, 파슬리, 사과, 살구, 회향, 포도, 민트, 요구르트, 크림, 상추, 감자, 우유〉

인지 지도에 따른 분석

과제: 단어 범주화

내용

1. 내용/주제는 무엇인가?

_____

2. 인지 발달을 돕기 위해 주제를 바꿀 수 있는가?

_____

작업 페이지

양식

1. 과제가 어떻게 표현되는가? 글, 말, 그림 등

_____

_____

2. 표현 양식을 바꿀 수 있는가?

_____

_____

추상성, 참신성 그리고 복잡성 수준

1. 과제를 구체적인 형태에서 추상적인 형태로 이동하는 방식으로 표현할 수 있는가?

_____

_____

2. 학습자를 연습시켜 과제에 훨씬 더 익숙해지게 할 수 있는가?

_____

_____

3. 처음부터 과제에 대한 쉬운 사례를 소개할 수 있는가?

_____

_____

인지 조작

1. 이 과제를 해결하는 데 필요한 사고 기술은 무엇인가?

_____

_____

2. 이 사고 기술을 어떻게 중재할 수 있는가?

_____

_____

작업 페이지에 대한 답

제2부 메타가르침: 중재학습경험

의도성과 상보성(44~45쪽)

사례 연구

1. 교사는 학생을 동기부여시키지 않았고, 그래서 효율적으로 의도성을 중재하지 않았다.
2. 없다. 시포(Sipho)는 혼란스럽고 압도되어, 시작된 활동에 반응하지 않고 있다.
3. 교사는 사례를 제공하여/이끌어 내어 학생들에게 연습 내용을 이해하는지 혹은 어떤 도움이 필요한지 물어봄으로써 주의를 끌 수 있었다.

참 혹은 거짓

1. 참
2. 거짓. 의도를 이끌어 냈지만, 단지 준비된 수업에 참여하는 것이 의도가 일어날 것이라는 것을 보장해 주지는 않는다.

정의하기

의도성과 상보성의 중재는 서로 상호작용한다. 중재자는 공유할 의도성을 가지고 있다. 학습자는 수용하기를 원한다.

수정하기

더 많은 상호작용, 설명 및 수행할 작업에 대한 해석을 장려하는 진술이라면 모두 가능하다.

(예: "영어 문법책을 꺼내서 10장을 펼쳐라. 그동안 있었던 일을 빨리 정리해서 우리가 중단했던 곳에서 다시 시작할 수 있도록 하자.")

의미(53~54쪽)

사례 연구

1. 아버지의 진술은 알렉스의 미래와 학교의 관련성을 설명하지 못한다.
2. 아버지는 학교가 어떤 직업에 중요한 생활 기술을 가르치는지를 설명함으로써 더 효과적으로 의미를 중재할 수 있었을 것이다.
3. 네. 의도성과 상보성이 무너져서 의사소통이 부족하다. 알렉스와 그의 아버지는 그들 스스로 철회하기보다 그 문제에 대해 더 토론할 수 있었다.

참 혹은 거짓

1. 참
2. 참. S-H-O-H-R은 S-O-R을 지원할 것이다(32쪽 참조).

정의하기

의미 중재는 당신의 목표를 열정적으로 공유하는 것을 의미한다. 그것은 왜 활동이 중요한지에 대한 학습자의 질문에 답한다.

수정하기

벌을 주지 않는 이유나 가치를 제공하는 문구(예: 벌주는 것은 사회적으로 용납될 수 없으며 불쾌한 결과를 초래한다)는 어떤 직업에도 중요한 생활 기술을 가르친다.

초월(62~63쪽)

사례 연구

1. 상담사는 카일리에게 그녀의 상담 경험을 가정에서도 그 전략을 시험해 보라는 말로 연결시킨다.
2. 상담의 핵심 목표 중 하나는 행동과 인지가 외부 세계로 이전되도록 하는 것이다. 상담사는 이제 카일리가 다른 환경에서 자신의 아이디어를 시험해 볼 수 있도록 힘을 실어 주었다.
3. 상담사는 카일리의 감정을 장애를 극복한 과거의 상황과 연결시키거나, 역경 속에서도 다른 사람들이 어떻게 이겨 냈는지에 사례 역사와 연결할 수 있었다.

참 혹은 거짓

1. 참
2. 참

정의하기

초월은 지금의 경험을 기본적인 원칙과 관련 활동으로 연결하고 있다.

수정하기

역사의 연구를 보다 폭넓은 '생활'의 목표와 연계시키는 진술이면 모두 가능하다(예: '과거가 현재를 이해하는 데 도움이 된다.' 또는 '과거 사건에 대한 편견과 다른 시각을 인식하는 것을 배울 수 있다.').

유능감(72~73쪽)

사례 연구

1. 교사가 주아니타의 유능감을 약화시키게 된 것은 그녀의 실패에 이유를 알려주지 않고, 그녀가 자신의 잠재력에 도달하거나 성취할 수 있는 지침을 제시하지 않기 때문이다.

2. 주아니타는 부정적인 꼬리표를 내면화했고, 자기 충족적 예언이라는 자신에 대한 낮은 기대감에 굴복해 살고 있다.

3. 교사는 긍정적인 말을 할 수도 있었다. "너는 열심히 노력했고 나는 네가 시험에 도전해서 기뻐. 이제 우리는 네 점수를 향상시키기 위해 노력할 수 있어. 나는 네가 능력이 있다는 것을 알아!"

참 혹은 거짓

1. 거짓. 유능감은 부정적인 것이 아니라 긍정적인 면에 집중하는 것을 의미한다.

2. 참

정의하기

유능감 중재는 학습자에게 자신의 성공 능력에 대한 긍정적인 믿음을 심어 주는 것을 의미한다.

수정하기

긍정적인 방법으로 말을 바꾸는 진술이면 모두 가능하다(예: "잘했어, 정말 발전했네— 하지만 주제가 어려우니, 계속 연습해.")

자기 규제와 행동 통제(82~83쪽)

사례 연구

1. 어머니는 적극적으로 시몬의 딜레마를 이해해 조직과 통제 전략을 마련하는 데 도움을 주었다.
2. 시몬의 반응은 상황 통제의 결핍과 자기 규제 무능력을 보여 준다.
3. 어머니는 시몬과 함께 다양한 주제를 연구하면서 자기 규제 행동으로 공부를 어떻게 관리할 수 있는지 사례를 보여 줄 수 있었다(학습 일지 쓰기 등).

참 혹은 거짓

1. 거짓. 치료사는 고객의 행동을 점검하고 자기 통제를 중재하지 않는다. 치료사는 고객을 위해 그것을 하고 있으며, 고객은 치료사에게 의존한다.
2. 참. 스스로 확인하기

정의하기

자기 규제와 행동 통제는 '자신의 생각에 대해 생각하는 것'과 당신의 반응을 수정하는 것을 포함한다.

수정하기

학생들이 자신의 실수를 확인하고 그것을 배움의 원천으로 보도록 해 주는 문장이면 모두 가능하다(예: "네 실수를 찾을 수 있을지 확인해 봐. 그것을 통해 너는 어디에서 왜 잘못을 했는지 배우게 될 거야.")

공유(92~93쪽)

사례 연구

1. 라즈는 혼자 그것을 떠맡아 집단 모델을 완성하였다.

2. 탄디의 반응은 라즈에게 그의 행동이 용납될 수 없는 행위였다는 것을 보여 주었다. 즉, 공유를 했어야 했다.

3. 교사는 집단 프로젝트의 활동/내용을 정리하여 협업과 과제 공유(예: 집단 리포트 백업, 공유 프레젠테이션)가 이루어지도록 할 수 있다.

참 혹은 거짓

1. 거짓. 아이의 장난감을 치우는 것을 돕는 엄마는 나눔을 중재하고 있다(예: "두 손이 한 손보다 낫네." "네가 나를 도와주면, 더 빨리 갈 거야." "네가 식료품들을 치우는 것을 도와준 것처럼 내가 네 장난감을 치우는 것을 도와줄게.").

2. 참

정의하기

공유는 타인에 대한 감수성을 촉진하고 함께 일하는 것을 강조한다.

수정하기

학생이 아이디어를 공유하고 도움을 요청하거나, 다른 사람과 협력하도록 장려하는 진술이라면 모두 가능하다(예: "프로젝트에 대한 많은 정보 출처가 있어. 도서관 사서나 선생님에게 물어보거나, 부모님이나 친구들에 의해 네 아이디어를 실행해 봐. 다른 사람과 프로젝트에 대해 이야기하면 더 분명해지고, 새롭고 좋은 아이디어를 얻을 수 있을 거야.").

개별화(102~103쪽)

사례 연구

1. 자신의 사례

2. 교사의 말을 해석하면 그녀는 타이코의 특별한 인성과 능력을 받아들여 격려하고 있다. 이 권리가 다르다는 것을 존중하여 개별화를 중재한다.

3. 타이코는 주저하고 있는데, 아마도 그는 개인의 표현을 억누르는 문화적/학술적

인 시스템의 산물일 것이다.

참 혹은 거짓

1. 참
2. 거짓. 단순히 그 또는 그녀의 권위 때문에 동의하는 것은 당신 자신을 생각하는 개인으로 간주하지 않는 것이다.

정의하기

개별화는 독창성과 독립성에 대한 인정과 감사이다.

수정하기

자신의 강점과 약점과 관련하여 자신의 선택에 따라 경력을 쌓을 수 있도록 하는 진술이면 모두 가능하다(예: "직업 선택에 도움이 되는 강점, 관심사 및 가치를 살펴보자."). 부모님은 처벌하거나 감정적인 협박을 해서는 안 된다.

목표 계획(113~114쪽)

사례 연구

1. 결과를 달성하기 위한 계획이 하나도 없다는 증거는 없다.
2. 페드로의 강점, 약점, 능력 및 어려움을 고려해야 한다. 페드로의 아버지는 페드로가 자신을 위한 현실적인 목표('나는 세차장에서 일할 것이고, 6주 안에 새로운 보드를 가질 수 있을 것이다.')를 세우도록 도울 수 있다.
3. 학부모와 교사는 개인이 목표를 확인하도록 돕고 목표 달성에 도움이 되는 전략을 중재할 수 있다. 이것은 개인에게 권한을 부여할 뿐만 아니라 보다 긍정적이고 자원이 풍부한 태도를 장려한다.

참 혹은 거짓

1. 참. 미래의 관점에서 그리고 현재가 미래에 어떤 영향을 미칠지 생각할 수 없다면 장기 목표를 세우는 데 어려움을 겪을 것이다.
2. 거짓. 목표는 계획 변경이나 도착 과정에 관계없이 도달할 수 있다. 실제로 목표에 도달하기 위한 계획이나 전략은 장애물이 발생할 때마다 변경되어야 한다.

정의하기

목표 계획은 학생들이 목표를 계획하고 달성하도록 안내 받는 과정이다.

수정하기

학생이 자신의 장기적인 목표를 세우고 그 목표에 도달하는 데 필요한 단계를 설정하도록 허용하는 진술이면 모두 가능하다(예: "기계적인 부분에 강점이 있는 것 같아. 그런 방향으로 경력을 쌓으려면 어떤 절차를 밟아야 할까?")

도전(122~123쪽)

사례 연구

1. 네. 술라멘은 도전을 중재하고 미아는 부정적인 반응을 보인다.
2. 미아의 반응은 도전할 만한 자신감이 부족하다는 것을 보여 준다. 그녀는 자신의 재능에 대한 믿음을 제한하고 있다.
3. 술라멘은 열정을 보이고 그녀가 성공할 것이라고 예상하도록 도움을 줌으로써 그녀에게 동기를 부여할 수 있었다. 그는 그녀의 재능을 믿기 때문에 그녀의 홍보를 돕겠다고 제안할 수 있었다.

참 혹은 거짓

1. 거짓. 도전은 의미 중재를 보완한다. '문화'는 정적인 것이 아니고, 의미 중재는 지배적인 문화적 규범을 전달하는 반면, 그러한 전통에 대한 도전은 중재학습경

험의 중심이다.

2. 참. 어려운 과제는 더 작고, 더 쉬운 단계로 쪼개어 단순하게 할 수 있다.

정의하기

도전은 새롭고 어려운 과제에 직면할 때의 흥분감이다.

수정하기

학생들이 어려운 과제에 직면할 때 새롭고 대안적인 방법을 시도하도록 장려할 수 있는 진술이면 모두 가능하다(예: "이 어려운 과제에 새로운 접근을 시도하고, 우리가 얼마나 잘하는지 보는 것은 흥미진진할 것이다.").

자기변화(132~133쪽)

사례 연구

1. 한스의 성찰은 자기변화에 대한 인식을 발전시키고 있으며, 자신의 성장과 태도 및 행동의 변화를 점검하는 책임을 지고 있음을 나타낸다.

2. 상담사는 과거의 부정적인 행동의 사건을 이야기하여 한스가 시간에 대한 방향성을 개발하도록 도와 성숙과 성장에 대한 기대와 수용(예: 자기변화에 대한 책임)을 장려한다.

3. 한스는 이제 자기 정체성(개인 내의)과 사회적 발달(대인 간의)에 대한 자기변화의 영향을 더 잘 알고 있다. 그는 이제 자신의 발전과 변화에 대해 책임을 질 수 있다.

참 혹은 거짓

1. 참. 아이에게 꼬리표를 붙이는 것은 변화가능성을 제한한다(예: '그가 수학을 못한다는 것'은 자신이 '서툴러서' '부족하게' 수행할 것이라고 믿는 자기 충족적 예언을 낳는다).

2. 참. 그 아이는 전에는 그 일을 할 수 없었고, 지금은 새로운 전문지식이나 성숙도를 갖게 되었다(예: 그 아이가 변화하였고, 이것을 보상하는 것은 자기변화를 중재한다).

정의하기

자기변화는 자기 안에서 일어나는 지속적인 변화에 대한 인식, 수용, 점검이다.

수정하기

학생들이 변화하거나 개선하려고 노력하도록 장려하는 진술이면 모두 가능하다.
(예: "그것은 좋은 시도였고 연습하면 좋아질 거야.").

낙관적 대안 탐색(143~144쪽)

사례 연구

1. 넬리는 가반의 삶의 긍정적인 면을 부각시키고 그의 부정적인 생각을 떨쳐 버림으로써 낙관적인 대안을 중재한다.

2. 가반은 자신의 부정적 감정을 삶의 모든 측면에 전이하는 경향이 있다. 그는 기분이 너무 초조해서 마약만이 그의 정신을 '끌어올릴 수 있는' 유일한 대안인 것 같다.

3. 당신 자신의 입력. 가반이 긍정적인 방향으로 나아갈 수 있도록 유도하는 전략을 생각해 보라. 그리고 그것이 가반에게 대안이 있다는 것을 알게 해 줄 것이다.

참 혹은 거짓

1. 참

2. 거짓. 긍정적인 행동들을 강조하고 보상하는 것이 중요하다. 그 때문에 더 많은 긍정적인 선택들을 만들어 내는 것이다.

정의하기

낙관적인 대안을 찾는 것은 긍정적인 결과를 예상하고 노력하는 인지적 · 정서적 상태이다.

수정하기

개인이 할 수 없는 것과는 반대로 개인이 할 수 있는 것을 강조하는 진술이면 모두 가능하다.

소속감(153~154쪽)

사례 연구

1. 교사는 창(Chang)이 과거의 인물 및 사건과 상호연관성이 있다는 아이디어를 내도록 제안하였다.
2. 창은 자신이 역사를 만든 가족들의 조상 혈통에 속한다는 것을 발견했다. 이것은 그가 미래 세대에 미칠 영향을 성실하게 할 것이다.
3. 당신 자신의 사례

참 혹은 거짓

1. 참
2. 거짓. 아이가 자신의 행동을 사회적 규범(예: 그들이 사회/문화의 일부라는 것)의 관점에서 보는 것이 중요하다.

정의하기

소속감은 개인이 경험을 공유하는 친족 혹은 포괄적인 가족의 일부라는 것을 사회·정서적으로 인식하는 것이다.

수정하기

문화유산의 중요성과 인간의 상호연관성을 강조하는 진술이면 모두 가능하다("부모와 자신을 더 잘 이해할 수 있도록 문화의 관습을 연구하는 것이 좋다.").

제3부 메타인지: 인지 기능과 역기능

입력(187~188쪽)

다음의 입력 역기능을 명확히 하기
1. 시간 개념이 손상된 이해
2. 학습 상황의 충동적 탐구
3. 손상된 자료 수집하기
4. 공간 개념이 손상된 이해
5. 시간 개념이 손상된 이해
6. 언어적 도구의 손상된 이해
7. 불변성을 보존하는 능력 손상
8. 둘 이상의 정보 출처를 고려하는 능력 부족

인지 역기능을 일치시키기
1. d
2. h
3. g
4. f
5. c
6. a
7. b
8. e

정교화(230~231쪽)

다음의 정교화 역기능을 명확히 하기

1. 단편적인 현실 이해
2. 인지적 범주화의 손상된 정교화
3. 논리적 증거를 위한 욕구 결여
4. 자발적인 비교 행동을 못하는 능력
5. 문제의 부정확한 정의
6. 자발적인 종합 행동을 위한 손상된 욕구
7. 가상 관계를 계획할 수 없는 능력
8. 가설 검증 전략을 사용하는 능력이 손상
9. 좁고 제한적인 정신 분야
10. 행동 계획하기 욕구의 결여
11. 사건을 내면화하는 능력이 없음
12. 적절한 단어들을 선택하는 손상된 능력
13. 추론-가설 사고의 제한된 사용

인지 역기능을 일치시키기

1. j
2. e
3. h
4. c
5. f
6. b
7. 1
8. d
9. i

10. k

11. a

12. m

13. g

출력(258~259쪽)

다음의 출력 역기능을 명확히 하기

1. 손상된 표현적 언어 도구

2. 시행착오 출력 반응

3. 손상된 자료 출력

4. 손상된 시각 전달

5. 충동적이거나 저지르는 행동

6. 자기중심적인 의사소통 양식

7. 방어하는 출력 반응

인지 역기능을 일치시키기

1. d

2. c

3. e

4. f

5. g

6. b

7. a

제4부 메타과제: 인지 지도

단어 범주화 과제(273쪽)

허브	과일	채소	낙농 제품
바질, 파슬리, 회향, 민트	오렌지, 사과, 살구, 포도	당근, 셀러리, 상추, 감자	요구르트, 크림, 커스터드, 우유

인지 지도에 따른 분석(273~274)

과제: 단어 범주화

내용

1. 내용은 일상 단어 목록이다. 음식과 관련된 간단한 어휘.
2. 단어 목록을 바꿔 음식 외에 다른 주제를 포함할 수 있다. 학생에게 어떤 단어들(예: 회향 혹은 요구르트)은 익숙하지 않아서 관련된 주제는 과제를 수행하는 능력에 부정적인 영향을 미칠 수 있다. 학습자들은 만약 그들이 그 품목이 무엇인지 모른다면 어떤 품목을 분류하는 데 어려움을 겪을 것이다. 학습자에게 익숙한 주제로 단어 목록을 변경하면 분류 과제를 수행하는 데 도움이 될 것이다.

양식

1. 과제가 글 형식으로 단어들과 함께 표현되어 있다.
2. 단어 목록을 제시하는 대신, 그림을

사용하거나 혹은 다이어그램을 사용할 수 있거나 혹은 단어를 말로 표현할 수 있다. 그래서 양식을 단어에서 시각적 혹은 청각적으로 변화시킬 수 있다.

추상성, 참신성 그리고 복잡성의 수준

추상성, 참신성 그리고 복잡성의 수준

1. 과제가 비교적 추상적인 수준(표로 범주화된 글)으로 표현되어 있다. 좀 더 구체적으로 하려면, 실제적 대상(음식 같은 것)을 제시하여 학습자가 물리적으로 조직화할 수 있도록 해야 한다.

2. 학습자는 범주화 과제를 설명하는 동안 처음은 교사 혹은 보다 능숙한 동료와 함께 작업을 할 수 있다. 교사는 그들이 함께 일하는 동안 모델링을 하고 큰 소리로 이야기할 수 있고, 따라서 과제를 비계화할 수 있고, 범주화의 과제가 익숙해지도록 여러 가지 다른 예들을 연습할 수 있다.

3. 보다 쉬운 분류 과제를 학습자에게 제시할 수 있는데, 집단으로 묶는 것은 공통적인 것일 수도 있고 혹은 단지 2개의 분류군으로 하여 몇 개의 항목을 이들 집단으로 분류하는 것(예: 색상으로 분류하거나 과일과 야채로 분류하는 것)일 수도 있다. 그 집단들은 점점 범주 수와 항목 수에서 더 복잡해질 수 있다.

인지 조작

1. 사고 기술은 순차적 사고 기술을 요구하는 분류 활동으로 다음을 포함한다.

- 사물이나 항목의 초기 식별
- 집단에 있는 사물이나 항목을 포함시키기 위한 기준의 구분
- 집단에 포함되는 기준에 따라 사물 또는 항목들의 비교
- 마지막으로 그 집단의 기준에 따라 항목들을 집단에 넣는 것

2. 이러한 각각의 사고 기술을 학습자에게 개별적이
고 순차적으로 가르쳐 인지 역기능이 발생하는
곳을 파악할 수 있도록 해야 한다.

- 식별은 입력 단계에서 명확한 인식과 수용적 언어
도구를 포함한다.
- 구분은 세세한 부분까지 주의하고 둘 이상의 정보
출처에 주의를 기울이는 것을 포함한다.
- 비교 그리고 적절한 단서를 선택하는 것, 적절한 단서에 따른 유사점 및 차이점
검토
- 집단화에는 논리적 증거와 명확한 출력 반응이 연관되어 있다.

중재학습경험 등급 척도

이 등급 척도는 교실에서 발생할 수 있는 중재활동 목록으로 구성된다. 활동은 중재학습경험의 주요 기준에 따라 10개 영역으로 분류된다. 교사 등 중재자가 수행하는 중재의 질을 평가할 수 있는 기회를 제공한다.

등급

평가는 다음과 같은 등급을 사용해 수행해야 한다.

기회 없음: 수업에서 중재학습경험 활동/접근이 허용되지 않았다.
기회를 놓침: 교사는 상황이 허락되었을 때 중재학습경험 활동/접근을 시행하지 않았다.
일반적으로 실행됨: 중재학습경험 활동이 지속적이고 그리고 성공적으로 실행되었다.
때때로 실행됨: 중재학습경험 활동이 때때로 실행되었다.
부정: 교사의 활동/접근은 불충분하거나 중재학습경험과 반대였다.

각 기준에 따른 활동/접근이 전부는 아니다. 어떤 추가적이거나 또는 서로 다른 예를 '기타'라는 제목 아래에 나열할 수 있다.

중재학습경험

등급 척도

12가지 기준

중재학습경험 활동 묘사	기회 없음	기회를 놓침	일반적으로 실행됨	때때로 실행됨	부정	불충분하거나 혹은 중재학습경험에 반대되는 기술
의도성과 상보성						
1. 교사는 학생의 흥미와 동기를 자극한다.						1. 교사는 학생들을 참여시키지 못한다.
2. 학생은 주제와 관련된 질문을 한다.						2. 학생은 관련 토론에 참여하지 않는다.
3. 교사는 학생의 언어적 기여에 적절한 피드백을 준다.						3. 교사는 학생의 언어적 기여에 민감하지 않다.
4. 교사는 학생의 글로 한 기여에 적절한 피드백을 준다.						4. 교사는 학생의 글로 한 기여에 대해 의미 있게 조언을 주지 못한다.
5. 학생이 작업을 이해하지 못하고 있을 때, 교사는 기꺼이 재설명을 해준다.						5. 교사는 재설명에 대한 요구를 인식하지 못한다.
6. 교사는 교실 분위기를 바꿔 기대감을 만들어 준다.						6. 교사는 적절한 수업을 준비하지 않아 열정을 만들지 못한다.
7. 기타						7. 기타

중재학습경험 활동 묘사	기회 없음	기회를 놓침	일반적으로 실행됨	때때로 실행됨	부정	불충분하거나 혹은 중재학습경험에 반대되는 기술
의미						
1. 교사는 집중의 중요성을 설명한다.						1. 교사는 과제의 목적이나 가치 혹은 활동이나 주제들의 관련성을 제공하는 데 실패한다.
2. 교사는 주제에 집중하는 이유를 설명한다.						2. 교사는 명확한 이유를 제공하지 않고 주제에 집중한다.
3. 교사는 표현의 빈도와(혹은) 강도를 변화시켜 자료를 변화시킨다.						3. 교사는 표현을 다양하게 하는 데 실패하여, 주제의 중요성 혹은 가치를 학생에게 전달하지 못한다.
4. 교사는 학생 반응에 긍정적 혹은 부정적 피드백을 준다.						4. 교사는 학생의 반응에 냉담하게 대응한다.
5. 교사는 '어떻게'와 '왜'와 같은 과정적 질문을 한다.						5. 교사는 '누구'와 '무엇'과 같은 내용적 질문을 많이 한다.
6. 기타						6. 기타

중재학습경험 활동 묘사	기회 없음	기회를 놓침	일반적으로 실행됨	때때로 실행됨	부정	불충분하거나 혹은 중재학습경험에 반대되는 기술
초월						
1. 교사는 현재 주제의 범위를 넘어서는 개념과 원리를 설명한다.						1. 교사는 개념을 관련 주제와 연결시키는 데 실패한다.
2. 교사는 수업의 주제를 이전 혹은 미래 주제와 연결시킨다.						2. 교사는 각 주제를 고립되고 관계가 없는 정보와 생각의 집합으로 다룬다.
3. 교사는 문제 해결 과정을 어떻게 다양한 상황에 적용할 수 있는지 설명한다.						3. 교사는 하나의 문제 해결 방식을 다양한 상황에 적용하는 법을 보여 주는 데 실패한다.
4. 교사는 현재의 필요를 넘어 효과적으로 일하는 습관 사용을 격려한다.						4. 교사는 구체적인 작업 습관이 다른 맥락에서 어떻게 사용되는지를 보여 주지 못한다.
5. 기타						5. 기타

중재학습경험 활동 묘사	기회 없음	기회를 놓침	일반적으로 실행됨	때때로 실행됨	부정	불충분하거나 혹은 중재학습경험에 반대되는 기술
유능감						
1. 교사는 학생의 발달 단계에 맞는 자료를 선택해 제공한다.						1. 교사는 자료를 선택하고 제시할 때, 학생의 발달 수준을 고려하는 데 실패한다.
2. 교사는 학생의 유능감 수준에 맞춰서 질문을 구사한다.						2. 교사의 질문이 학생의 적절한 수준에 맞게 제시되지 않는다.
3. 교사는 학생을 격려하여 그들 자신의 기준과 비교하여 그들의 성장을 알 수 있도록 한다.						3. 교사는 학생의 성장을 오로지 수업의 평균으로만 측정한다.
4. 교사는 복잡한 과제를 보다 단순한 과제로 분리해 불안감을 줄여 준다.						4. 교사는 복잡한 과제를 단순화하는 방법을 보여 줘 불안감을 낮추는 데 실패한다.
5. 교사는 한 과제를 완성하기 위해 수행한 성공적인 단계들을 칭찬한다.						5. 교사는 단지 과제의 성공적인 완성만을 칭찬한다.
6. 교사는 활동에 참여한 것에 대해 보상한다.						6. 교사는 활동에 참여한 것에 대해 보상하지 않는다.
7. 기타						7. 기타

중재학습경험 활동 묘사	기회 없음	기회를 놓침	일반적으로 실행됨	때때로 실행됨	부정	불충분하거나 혹은 중재학습경험에 반대되는 기술
자기 규제와 행동 통제						
1. 교사는 학생들에게 학습에 도움이 되는 행동—좋은 교실 관리—을 주입한다.						1. 교사는 학생들에게 학습에 도움이 되는 행동—나쁜 교실 관리—을 주입하는 데 실패한다.
2. 교사는 학생들의 부적절한 충동성을 억제한다.						2. 교사는 부적절한 충동을 확인하는 데 실패한다.
3. 교사는 자율적인 훈련을 격려한다.						3. 교사는 자율적 훈련을 격려하는 데 실패한다.
4. 교사는 교실 활동에서 존경, 헌신 및 인내의 모델이 된다.						4. 교사는 교실 활동에서 지속적인 관심과 헌신을 보여 주는 데 실패한다.
5. 기타						5. 기타

중재학습경험 활동 묘사	기회 없음	기회를 놓침	일반적으로 실행됨	때때로 실행됨	부정	불충분하거나 혹은 중재학습경험에 반대되는 기술
공유						
1. 교사는 효율적인 집단 지도 방법을 적용한다.						1. 교사는 효율적인 집단 지도 방법을 적용하지 못한다.
2. 교사는 학생들을 격려해 타인과 작업경험을 공유하도록 한다.						2. 교사는 학생들이 협력적으로 협동하지 못하게 한다.
3. 교사는 자신의 과제 해결 방식을 학생들과 공유한다.						3. 교사는 자신의 문제 해결 전략을 말로 표현하지 못한다.
4. 교사는 학생들을 격려해 서로 돕고 동료 지도를 촉진시킨다.						4. 교사는 항상 개인적 작업을 고집한다.
5. 교사는 학생들이 서로의 이야기를 듣도록 격려한다.						5. 교사는 다른 학생이 답변할 때 능동적으로 듣도록 격려하지 못한다.
6. 교사는 타인의 감정에 공감할 수 있도록 학생들을 격려한다.						6. 교사는 학생들에게 또 다른 관점에 대한 관용과 이해를 장려하지 못한다.
7. 교사는 협력의 중요성을 강조할 수 있는 주제를 선택한다.						7. 교사는 협력을 해치는 경쟁을 장려한다.
8. 기타						8. 기타

중재학습경험 활동 묘사	기회 없음	기회를 놓침	일반적으로 실행됨	때때로 실행됨	부정	불충분하거나 혹은 중재학습경험에 반대되는 기술
개별화						
1. 교사는 문제 해결을 위해 발산적인 접근을 수용한다.						1. 교사는 문제 해결에는 오직 한 가지 옳은 방법만 있다고 소통한다.
2. 교사는 독립적이고 독창적인 사고를 격려하고 혁신적인 작업 기회를 제공한다.						2. 교사는 순응을 장려하여 개인의 창의성을 떨어뜨린다.
3. 교사는 학생들이 수업활동의 일부분을 선택하도록 하고 자유시간을 다양하게 사용할 수 있도록 격려한다.						3. 교사는 학생들의 제안에 수용적이지 않으며 활동의 통일성을 장려한다.
4. 교사는 다문화주의의 긍정적인 관점을 강조한다.						4. 교사는 문화적 편견을 갖고 있으며 서로 다른 세계관을 통합시키지 않는다.
5. 교사는 학생들의 권리가 다르다는 것을 지지한다.						5. 교사는 개별적 차이를 수용하는 것을 장려하지 않는다.
6. 교사는 자신의 가치와 신념으로 전체를 동일시하는 요구를 못하게 한다.						6. 교사는 그의 가치와 신념으로 전체를 동일시할 것을 고집한다.
7. 기타						7. 기타

중재학습경험 활동 묘사	기회 없음	기회를 놓침	일반적으로 실행됨	때때로 실행됨	부정	불충분하거나 혹은 중재학습경험에 반대되는 기술
목표 계획						
1. 교사는 학생들의 욕구와 현실적인 목표를 설정하는 능력을 장려한다.						1. 교사의 부적절한 기대는 학생들이 비현실적인 목표를 갖게 한다.
2. 교사는 목표 추구에 있어 끈기와 인내를 격려한다.						2. 교사는 과제가 어렵게 되는 순간 학생이 포기하도록 허용한다.
3. 교사는 학생들에게 목표 계획에 기반한 전략을 설명한다.						3. 교사는 목표를 세우고 달성하는 과정을 시연하지 않는다.
4. 교사는 학생들에게 변화하는 욕구와 상황에 따라 목표를 검토하고 수정할 필요성과 능력을 발달시킨다.						4. 교사는 학생들에게 변화하는 욕구와 상황에 따라 목표를 검토하고 수정할 필요성과 능력을 발달시키는 데 실패한다.
5. 교사는 일반적으로 매 수업과 학습에 대한 명확한 목표를 제시함으로써 목표 지향적인 행동을 보여 준다.						5. 교사는 어떤 명확한 목표를 갖고 있지 않으며 그것에 도달할 수 있는 구조를 제공하지 않는다.
6. 교사는 학생들이 미래에 관해 자율적인 태도를 갖도록 한다.						6. 교사는 규범적이며 학생의 미래에 대한 의사결정을 한다.
7. 기타						7. 기타

중재학습경험 활동 묘사	기회 없음	기회를 놓침	일반적으로 실행됨	때때로 실행됨	부정	불충분하거나 혹은 중재학습경험에 반대되는 기술
도전						
1. 교사는 지적 호기심을 격려한다.						1. 교사는 지적 호기심을 격려하지 않는다.
2. 교사는 독창성과 창의성을 격려한다.						2. 교사는 순응적인 행동을 주입하고 다른 생각을 못하게 한다.
3. 교사는 학생들이 도전적이고, 참신하고 복잡한 상황을 이용할 수 있게 한다.						3. 교사는 학생들에게 검증된 방식을 고수하고 관례적인 과제를 제시한다.
4. 교사는 학생들을 격려해 자신만의 사례를 만들어 수업에서 발표할 수 있게 한다.						4. 교사는 활동에 참여할 때, 독창적인 접근을 하지 못하게 한다.
5. 교사는 학생들이 과제 완성을 기대할 수 있도록 돕는다.						5. 교사는 복잡한 과제를 완성하기 위한 내적 동기를 고취시키지 못한다.
6. 교사는 학생들이 어려운 과제를 견딜 수 있도록 격려한다.						6. 교사는 어려운 과제에 대해 인내할 수 있도록 하는 데 실패한다.
7. 기타						7. 기타

중재학습경험 활동 묘사	기회 없음	기회를 놓침	일반적으로 실행됨	때때로 실행됨	부정	불충분하거나 혹은 중재학습경험에 반대되는 기술
자기변화						
1. 교사는 개별적인 성장에 대한 자기평가를 촉진시킨다.						1. 교사는 자기평가와 개별적인 성장에 대한 자각을 개선하지 않는다.
2. 교사는 성장을 측정할 수 있는 내적 기준을 사용할 수 있도록 학생을 격려한다.						2. 교사는 학생들을 수업 기준에 따라 평가하고 등급 비교를 장려한다.
3. 교사는 학생의 꼬리표를 강조하지 않는다.						3. 교사의 학생에 대한 꼬리표를 일관되게 사용함으로써 학생들이 이러한 기대를 충족시키게 만든다.
4. 교사는 자신 안에서, 그리고 타인과 환경과의 관계 속에서 변화를 자각할 수 있다.						4. 교사는 자신 안에서, 그리고 타인과 환경과의 관계 속에서 변화를 자각하지 못한다.
5. 교사는 자신의 성장과 학습경험을 공유해 자기변화의 모델이 된다.						5. 교사는 자신의 태도 혹은 새로운 상황에 대한 접근법들을 수정하지 못한다.
6. 기타						6. 기타

중재학습경험 활동 묘사	기회 없음	기회를 놓침	일반적으로 실행됨	때때로 실행됨	부정	불충분하거나 혹은 중재학습경험에 반대되는 기술
낙관적 대안 탐색						
1. 교사는 학습과제의 긍정적인 면을 강조한다.						1. 교사는 과제의 부정적인 면만을 강조한다.
2. 교사는 학생들이 과제를 완성했을 때의 혜택을 인지할 수 있도록 격려한다.						2. 교사는 과제를 완수하는 혜택을 인정하지 않는다.
3. 교사는 학생들이 능동적인 탐구를 통해 문제 해결에 가장 적합한 대안을 찾도록 한다.						3. 교사는 실수를 찾는 문제 해결에 학생들을 참여시킨다.
4. 교사는 학생들이 달성할 수 있는 모든 것에 집중한다.						4. 교사는 학생들의 결점과 약점에 집중한다.
5. 교사는 ADHD 같은 꼬리표를 강조하지 않고, 잠재력을 제한하지 않는다.						5. 교사는 학생들의 잠재력을 제한하는 꼬리표를 적용한다.
6. 기타						6. 기타

중재학습경험 활동 묘사	기회 없음	기회를 놓침	일반적으로 실행됨	때때로 실행됨	부정	불충분하거나 혹은 중재학습경험에 반대되는 기술
소속감						
1. 교사는 학생들이 자신의 근원에 관한 성찰을 할 필요성을 조성해 준다.						1. 교사는 학생들의 출신에 대한 어떠한 연결도 무시한다.
2. 교사는 과제를 통해 학생들의 문화적인 배경을 되돌아볼 수 있게 한다.						2. 교사는 학생들이 자신들의 문화적 소속을 조사하는 과제를 피한다.
3. 교사는 학생들이 적극적인 검색을 통해 가계도를 그려 볼 수 있게 한다.						3. 교사는 다른 가족 구성원들을 열거하는 활동들을 무시한다.
4. 교사를 통해 학생들은 그들이 살고 있는 사회와 상호 연결되고 영향을 미치고 있다는 것을 알게 된다.						4. 교사는 하나의 개체로서 사회에 관한 학생들의 연결성과 영향을 인정하지 않는다.
5. 교사는 학생들이 미래 세대를 위한 그들의 문화를 연구하고, 기리며 보존하도록 격려한다.						5. 교사는 수업의 문화적 다양성을 인식하지 못하고 이러한 문화를 영속시키기 위한 활동을 체계화하지 못한다.
6. 기타						6. 기타

참고문헌

Bandura, A. (1986). *Social foundations of thought and action: A social cognitive theory.* Englewood Cliffs, NJ: Prentice Hall.

Bronfenbrenner, U. (1979). *The ecology of human development: Experiments by nature and design.* Cambridge, MA: Harvard University Press.

Feuerstein, R. (1980). *Instrumental Enrichment.* Baltimore, MD: University Park Press.

Feuerstein, R. (1979). *The dynamic assessment of retarded perfomer's.* Baltimore, MD: University Park Press.

Feuerstein, R., & Jensen, M. (1980). Instrumental Enrichment: Theoretical basis, goals and instruments. *Educational Forum, 44*(4), 401-423.

Feuerstein, R., et al. (1986). *L.P.A.D.: learning potential assessment device manual.* Jerusalem: Hadassa.h-Wizo-Canada Research Institute.

Feuerstein, R., et al. (1982). Learning to learn: MLE and IE. *Special Services in the Schools, 3*(1-2), 49-82.

Feuerstein, R., Rand, Y., & Hoffman, M. (1979). *The dynamic assessment of retarded performers: The learning potential assessment device, theory instruments and techniques.* Baltimore, MD: University Park Press.

Feuerstein, R., Rand, Y., Hoffman, M., & Miller, R. (1980). *Instumental Enrichment: An intervention program for cognitive modifiability.* Baltimore, MD: University Park Press.

Feuerstein, R., Rand, Y., & Rynders, J. (1988). *Don't accept me as I am: Helping "retarded" people to excel.* New York: Plenum Press.

Flavell, J. H. (1979). Metacognition and cognitive monitoring: A new area of cognitive-developmental inquiry. *American Psychologist, 34,* 906-911.

Frankl, V. E. (1985). *Man's search for meaning.* New York: Washington Square Press.

Gilg, J. E. (1990). The use of mediated learning to enhance the educational effectiveness of school programs for high-risk youth. *International Journal of Cognitive Education and Mediated Learning, 1*(1), 63-71.

Gould, S. J. (1981). *Ti,e mismeasure of man.* Harmondsworth, UK: Pelican Books.

Greenberg, K. H. (1990). *Cognet: Parent's manual.* University of Tennessee. (unpublished)

Greenberg, K. H. (1990). Mediated learning in the classroom. *International Journal of Cognitive Education and Mediated Learning, 1*(81), 33-44.

Greenberg, K. H., & Kaniel, S. A. (1990). Thousand year transition for Ethiopian immigrants to Israel: The effects of modifiability, mediated learning and cultural transmission. *International Journal of Cognitive Education and Mediated Learning, 1*(2), 137-142.

Hayes, S. C., et al. (1985). Self-reinforcement effects: An artifact of social standard setting? *Journal of Applied Behaviour Analysis, 18,* 201-214.

Hopson, B., & Scally, M. (1981). *Life skills teaching.* London: McGraw-Hill.

Iveson, C. (2002). Solution Focused Brief Therapy. *Advances in Psychiatric Treatment, 8,* 149-156.

Johnson, D. W., & Johnson, R. (1974). Instructional goal structure: Cooperative, competitive, or individualistic. *Review of Educational Research, 44,* 213-240.

Kipling, R. (1902). *Just so stories.* Doubleday & Company, Inc..

Kozulin, A. (1990). Mediation: Psychological activity and psychological tools. *International Journal of Cognitive Education and Mediated learning, 1*(2), 151-159.

Mentis, M., Dunn, M. et al. (1996). *Mediated learning in and out of the classroom.* Glenview, IL: IRI/SkyLight Training and Publishing Inc.

Morgan, M. (1985). Self-monitoring of attained subgoals in private study. *Journal of Education Psychology, 77,* 623-630.

Rosenthal, R., & Jacobson, L. (1968). *Pygmalion in the classroom.* New York: Rinehart and Winston.

Savell, J. M., et al. (1986). Empirical status of Feuerstein's "Instrumental Enrichment" (FIE) techniques as a method of teaching thinking skills. *Review of Educational Research, 56*(4), 383-409.

Sharron, H. (1987). *Changing children's minds: Feuerstein's revolution in the teaching of intelligence.* London: Souvenir Press.

Skuy, M., et al. (1990). Combining Instrumental Enrichment and creativity/socioemotional development for disadvantaged gifted adolescents in Soweto. Pt. 1. *International Journal of Cognitive Education and Mediated Learning, 1*(1), 25-31.

Skuy, M., et al. (1990). Combining Instrumental Enrichment and creativity/socioemotional development for disadvantaged gifted adolescents in Soweto. Pt 2. *International Journal of Cognitive Education and Mediatcd Learning, 1*(2), 93-102.

Skuy, M., & Mentis, M. (1992). Applications and adaptations of Feuerstein's Instrumental Enrichment programme among the disadvantaged population in South Africa. In J. Carlson (Ed.), *Cognition and educational practice: An International perspective, Volume I (Part B)* (pp. 105-127). Greenwich, CT: JAI Press.

Skuy, M., & Mentis, M. (1990). Application of instrumental enrichment programme in South Africa. Proceedings of the HSRC Conference on Cognitive Development, 1 November, in Pretoria, South Africa.

Slavin, R. E. (1987). Ability grouping and student achievement in elementary schools: A best-evidence synthesis. *Review of Educational Research, 57,* 293-336.

Sternberg, R. J. (1988). *The triarchic mind: A new theory of human intelligence.* New York: Viking.

Tomlinson, C. A. (2001). *How to differentiate instruction in mixed ability classroom* (2nd ed.). Alexandria,VA: ASCD Publication.

Tzuriel, D., & Eran, Z. (1990a). Inferential cognitive modifiability of kibbutz young children as a function of mother-child Mediated Learning Experience (MLE) interactions. *International Journal of Cognitive Education and Mediated Learning, 1*(2), 103-117.

Tzuriel, D., & Eran, Z. (1990b). Mediated Learning Experience and cognitive modifiability: Testing the effects of distal ilnd proximal factors by structural equation model. *International Journal of Cognitive Education and Mediatcd Learning, 1*(2), 119-135.

Vygotsky, L. S. (1987). Thinking and speech (N. Minick, Trans.). In R. W. Rieber & A. S. Carton (Eds.), *The collected works of L. S. Vygotsky: Vol. 1. Problems of general psychology* (pp. 39-285). New York: Plenum. (Original work published 1934)

Wallace, B., & Adams, H. (Eds.) (1993). *Worldwide perspectives all the gifted disadvantaged.* Bicester, Oxford, UK: AB Academic Publishers.

저자 소개

 **맨디어 멘티스(Mandia Mentis)**는 교육심리학자이며 뉴질 랜드 매시 대학교(Massey University)의 특수교육 및 교육 심리학 프로그램의 수석강사이다. 그녀는 이스라엘 국제 학습강화센터의 포이에르스타인 교수의 지도하에 포이에 르스타인 도구적 심화 프로그램(FIE)과 학습 잠재력 평가 장치(LPAD) 훈련을 마친 공인트레이너이다. 지난 20년 동안, 그녀는 남아프리카공화국의 인지연구센터(Cognitive Research Centre) 및 호 주의 학습강화연구소(Institute for Learning Enhancement)와 함께 FIE 워크숍을 수 행하였다. 그녀는 뉴질랜드에서 연구 프로젝트와 출판에 광범위하게 기여하였고, 중재학습과 도구적 심화 프로그램에 관한 두 권의 책을 공동으로 집필·출판했다. 그녀는 초·중·대학교에서 학생들을 가르쳤으며, 특별하고 통합적인 교육 환경에 서 교육심리학자로 근무했다. 그녀의 교수 및 연구 관심사는 인지 평가, 다양성 교 육, e-러닝이며, 박사학위 연구는 효과적인 e-러닝 실습 커뮤니티 개발에 초점을 맞추고 있다.

 **마릴린 던 번스타인(Marilyn Dunn-Bernstein)**은 36년 동 안 다양한 교육환경에서 교육경력을 쌓은 교육자이다. 고 등학교 교감으로서 20년을 보낸 것 외에도, 포이에르스 타인의 지도하에 공부했고, 구조적 변화가능성, FIE 그 리고 중재학습경험의 원칙을 광범위한 교육환경에 적 용해 왔다. 비트바테르스란트 대학교(University of the Witwatersrand)의 인지연구팀과 함께 한 10년간의 연구, 글쓰기, 강연, 남아프리카

타운십의 소외계층을 위한 영재아동프로그램의 16년 동안의 연구 등이 그것이다. 현재 호주에서 심리학자로 일하고 있는 그녀는 자폐증, 다운증후군, 아스퍼거증후군, 재능 있는 개인들의 인지적·감정적·창의적 발전을 증진시키는 일을 하고 있다. 또한 심리학 및 사회과학을 전공하는 학생들과 함께 일하고 있으며, 호주, 뉴질랜드, 남아프리카에서 포이에르스타인 워크숍을 운영하는 팀의 일원이다. 그녀는 교육학 박사, 심리학 석사, 인간행동학 학위를 가지고 있다.

마틴 멘티스(Marténe Mentis)는 현재 뉴질랜드에서 미술 교육자 겸 그래픽 디자이너로 일하고 있다. 그녀는 다양한 환경에서 여러 해 동안 학생들을 가르친 교육경험이 있다. 그녀의 다양한 학력 배경에는 남아프리카공화국 비트바테르스란트 대학교의 인지연구센터에서의 6년이 있는데, 그곳에서 그녀는 FIE 워크숍 강의, 중재학습과 FIE에 관한 두 권의 책을 포함한 교육자료 개발을 도왔다. 그녀는 이스라엘의 국제학습강화센터에서 포이에르스타인의 지도를 받았으며, 남아프리카공화국 인지연구센터에서 LPAD 훈련을 마쳤다. 그녀는 미술학위와 교육학 석사학위를 가지고 있다.

역자 소개

이경화(Lee Kyunghwa)

숙명여자대학교 교육학과에서 교육심리학 전공으로 박사학위를 취득하였고, 현재 숭실대학교 평생교육학과 교수로 재직 중이다. 한국영재교육학회장, 한국창의력교육학회장을 역임하였으며, 현재 숭실대학교 아동청소년교육센터장, (사)글로벌미래융합교육원 이사장으로 활동하고 있다.

박정길(Park Jungkil)

숭실대학교 평생교육학과에서 교육학 전공으로 박사학위를 취득하였다. 현재 숭실대학교 교육대학원 연구교수 및 NLP전략연구소장으로 활동하고 있으며, NLP 트레이너이자 전문코치로서 기업과 학교에서 리더십, 코칭, 변화관리에 관한 강의와 코칭도 진행하고 있다.

이동훈(Lee Dongheun)

(사)전국수학교사모임 회장을 맡아 6년 동안 모임을 이끌었으며, 세계수학자대회 조직위원, 수학대중화사업단 연구원, 남강고등학교와 숭문고등학교, 하나고등학교의 교사를 역임하였다. 현재 열방아카데미서울 교장으로 재직하고 있으며, 수학적 사고의 표현 방식에 대한 사고 과정을 탐구하고 있다.

최태영(Choi Taeyoung)

국가수리과학연구소와 한국과학창의재단에서 수학 및 수학교육정책과 수학대중화에 관한 연구를 하였다. 현재 경상남도교육청 수학교육연구센터에서 수학교육정책 및 생각과 사고, 성찰에 대한 탐구를 진행하고 있다.

중재학습

-인지 잠재력을 열어 주는 가르침, 과제 그리고 도구-

Mediated Learning: Teaching, Tasks, and Tools to Unlock Cognitive Potential (2nd ed.)

2020년 3월 10일 1판 1쇄 발행
2024년 11월 20일 1판 4쇄 발행

지은이 • Mandia Mentis · Marilyn Dunn-Bernstein · Marténe Mentis
옮긴이 • 이경화 · 박정길 · 이동흔 · 최태영
펴낸이 • 김 진 환
펴낸곳 • **㈜ 학지사**

　　　　04031 서울특별시 마포구 양화로 15길 20 마인드월드빌딩 5층
대표전화 • 02) 330-5114　　　팩스 • 02) 324-2345
등록번호 • 제313-2006-000265호

홈페이지 • http://www.hakjisa.co.kr
인스타그램 • https://www.instagram.com/hakjisabook

ISBN 978-89-997-2035-2　93370

정가 **18,000원**

출판미디어기업 **학지사**

간호보건의학출판 **학지사메디컬** www.hakjisamd.co.kr
심리검사연구소 **인싸이트** www.inpsyt.co.kr
학술논문서비스 **뉴논문** www.newnonmun.com
원격교육연수원 **카운피아** www.counpia.com
대학교재전자책플랫폼 **캠퍼스북** www.campusbook.co.kr

이 책은 2019년 대한민국 교육부와 한국연구재단의 지원을 받아 수행된 연구임
(NRF-2019S1A5C2A04081197)